民國文存
107
青年教育兩種

陸費逵　舒新城　著

知識產權出版社

本書由《青年修養雜談》和《致青年書》兩種小書拼合而成。《青年修養雜談》，主要從青年人的事業發展、生活作風、道德品質等方面來指導青年人如何提高自身修養和境界，以獲得人生的成功。《致青年書》，是作者以書信體的形式，對青年在讀書、治學、生活等方面的問題給予指導，引導青年人順應時代和社會的要求、積極發展自己的人生。此兩種書對於青年的人生道路都有積極的指導意義，且兩位作者都是我國現代著名的教育家，且兩種書均為小薄本的著作，故將兩書合成一種出版，便於讀者學習與參考。

責任編輯：文　茜　　　責任校對：谷　洋
封面設計：正典設計　　責任出版：劉譯文

圖書在版編目（CIP）數據

　　青年教育兩種/陸費逵，舒新城著. —北京：知識產權出版社，2016.11
　　（民國文存）
　　ISBN 978-7-5130-4542-1
　　Ⅰ.①青… Ⅱ.①陸… ②舒… Ⅲ.①青少年教育—教育研究 Ⅳ.①G775
　　中國版本圖書館 CIP 數據核字（2016）第 267651 號

青年教育兩種
Qingnian Jiaoyu Liangzhong
陸費逵　舒新城　著

出版發行：知識產權出版社 有限責任公司	
社　　址：北京市海澱區西外太平莊55號	郵　編：100081
網　　址：http://www.ipph.cn	郵　箱：bjb@cnipr.com
發行電話：010-82000860 轉 8101/8102	傳　真：010-82005070/82000893
責編電話：010-82000860 轉 8342	責編郵箱：wenqian@cnipr.com
印　　刷：保定市中畫美凱印刷有限公司	經　銷：新華書店及相關銷售網站
開　　本：720mm×960mm　1/16	印　張：10.75
版　　次：2016年11月第一版	印　次：2016年11月第一次印刷
字　　數：130千字	定　價：38.00元
ISBN 978-7-5130-4542-1	

出版權專有　侵權必究
如有印裝質量問題，本社負責調換。

民國文存

（第一輯）

編輯委員會

文學組

組長：劉躍進

成員：尚學鋒　李真瑜　蔣　方　劉　勇　譚桂林　李小龍
　　　鄧如冰　金立江　許　江

歷史組

組長：王子今

成員：王育成　秦永洲　張　弘　李雲泉　李揚帆　姜守誠
　　　吳　密　蔣清宏

哲學組

組長：周文彰

成員：胡　軍　胡偉希　彭高翔　干春松　楊寶玉

出版前言

　　民國時期，社會動亂不息，內憂外患交加，但中國的學術界卻大放異彩，文人學者輩出，名著佳作迭現。在炮火連天的歲月，深受中國傳統文化浸潤的知識分子，承當著西方文化的衝擊，內心洋溢著對古今中外文化的熱愛，他們窮其一生，潛心研究，著書立說。歲月的流逝、現實的苦樂、深刻的思考、智慧的光芒均流淌於他們的字裡行間，也呈現於那些細緻翔實的圖表中。在書籍紛呈的今天，再次翻開他們的作品，我們仍能清晰地體悟到當年那些知識分子發自內心的真誠，以及其間所蘊藏著的對國家的憂慮、對知識的熱愛、對真理的追求、對人生幸福的嚮往。這些著作，可謂是中華歷史文化長河中的珍寶。

　　民國圖書，有不少在新中國成立前就經過了多次再版，備受時人稱道。許多觀點在近一百年後的今天，仍可說是真知灼見。眾作者在經、史、子、集諸方面的建樹成為中國學術研究的重要里程碑。蔡元培、章太炎、陳柱、呂思勉、錢基博等人的學術研究今天仍為學者們津津樂道；魯迅、周作人、沈從文、丁玲、梁遇春、李健吾等人的文學創作以及傅抱石、豐子愷、徐悲鴻、陳從周等人的藝術創想，無一不是首屈一指的大家名作。然而這些凝結著汗水與心血的作品，有的已經罹於戰火，有的僅存數本，成為圖書館裡備受愛護的珍本，或成為古玩市場裡待價而沽的商品，讀者很少有隨手翻閱的機會。

　　鑑此，為整理保存中華民族文化瑰寶，本社從民國書海裡，精心挑出了一批集學術性與可讀性於一體的作品予以整理出版，以饗讀者。這些書，包括政治、經濟、法律、教育、文學、史學、哲學、藝術、科普、傳記十類，綜之為"民國文存"。每一類，首選大家名作，尤其是對一些自新中國成立以後沒有再版的名家著作投入了大量精力進行整理。在版式方面有所權衡，基本採用化豎為橫、保持繁體的形式，標點符號則用現行規範予以替換，一者考慮了民國繁體文字可以呈現當時的語言文字風貌，二者顧及今人從左至右的閱讀習慣，以方便讀者翻閱，使這些書能真正走入大眾。然而，由於所選書籍品種較多，涉及的學科頗為廣泛，限於編者的力量，不免有所脫誤遺漏及不妥當之處，望讀者予以指正。

目　錄

青年修養雜談 …………………………………………… 1
　自　序 ……………………………………………………… 3
　一、少吃東西，多負責任 ………………………………… 4
　二、盡在不言中 …………………………………………… 5
　三、德是自利、利他的 …………………………………… 6
　四、人的條件 ……………………………………………… 8
　五、忠厚與君子 …………………………………………… 10
　六、澈底明白 ……………………………………………… 11
　七、觀察力談話 …………………………………………… 12
　八、遊戲三昧 ……………………………………………… 13
　九、萬惡惰爲首，百善忍爲先 …………………………… 15
　十、你能不能受苦 ………………………………………… 17
　十一、學然後知不足，做然後知不能 …………………… 19
　十二、人生如何 …………………………………………… 20
　十三、三個問題 …………………………………………… 22
　十四、職業的主權 ………………………………………… 23
　十五、成功之三秘訣 ……………………………………… 24
　十六、工商界做人的條件 ………………………………… 25
　十七、彈指十二年 ………………………………………… 27

i

十八、效率之三原素	28
十九、店員須知	29
二十、招待顧客之二例	31
二十一、上海食住之補救問題	32
二十二、用財與道德	33
二十三、我們為甚麼提倡儲蓄壽險	35
二十四、相法格言	36
二十五、兩張請帖	37
二十六、一件有趣的提議	39
二十七、關於結婚的種種	41
二十八、我們為什麼要讀書？	43
二十九、最低限度當讀之國學書	45
三十、國學入門書	48
三十一、《人生哲學》序	50
三十二、書業商會二十週紀念冊序	53
三十三、我為甚麼獻身書業？	55
三十四、我國書業之大概	57
三十五、經濟之原素	61
三十六、伯鴻函稿摘錄	64

致青年書 67

致讀者（代叙）	69
致青年書——討論幾件關於讀書的事	72
致中學生書——關於求學治事的幾個小問題	93
致青年教育家	104
考試與文憑——致中學生的一對公開信	113

戀愛上的幾個問題——給男女青年的一封公開信 …………… 124

愛的無抵抗主義——復某君兼論金、羅情殺事 ……………… 132

附錄：中學生的將來——在紹興浙江第五中校講演 …………… 140

編後記 ……………………………………………………………… 153

青年修養雜談

陸費逵

自　序

　　中華書局爲同人交換知識，佈達消息，每月出一張月報。我偶然也作一兩篇短文刊入，大概都是關於修養的。

　　中華書局同人進德會刊行一種季刊，就叫做《進德》。我也偶然作一兩篇文字，大概也是關於修養的。

　　三四年來，這兩種刊物上，一共有我四十餘篇文字。老友劉述庭先生，嗜痂癖深，很喜歡看我的文字，並說："有益於青年，何不照婦女問題雜談的樣子，彙刊成一小册？"我想：我的文字雖不好，却有些關於修養的新發明，印成小册子，不但供別人看，自己也可以看看。稍加整理，選出三十餘篇，彙刊一小册，定名《青年修養雜談》，與舊著《實業家之修養》《國民之修養》，不免稍有出入；因爲作文字時，隨想隨寫，或有爲而發，或時地不同，主旨雖然一貫，言論却不能處處照應：這是要請讀者原諒的！

陸費逵

一五，三，一五

一、少吃東西，多負責任

一，少吃東西。

貪吃是人類的通病，我們每日吃的東西，是不是不能再少？少了有損、有益？是我們應該研究的。據我知道的學說和我的經驗，以爲應該少吃。我每日吃的東西，減了好幾次；現在和未減以前比，不過十分之二三，身體反比從前好。可見我們平日多吃，不但糟蹋東西，並且糟蹋身體，如果人人少吃些：國民體力旣可進步；省下的東西，可以賣錢，可以救濟世界，不但富國，並且可以免除戰爭。諸位應當知道，世界上的戰爭，不過爲"吃"的問題呀！如果我們中國四萬萬人，每日每人少吃數枚銅元的東西，每人每年可省十元內外。假定以十元計，四萬萬人每年就省四十萬萬元，你看可觀不可觀呢？

二，多負責任。

我們做人有做人的責任，辦事有辦事的責任。譬如知道應該少吃，就應該監督自己決不多吃；每日作工一定幾點鐘，就應該監督自己不要偸懶不要誤事。這就是負責。如果不盡責任，不但不能辦事，並且不能做人；不但不能做人，並且不能做禽獸。因爲禽獸之中，雞司晨，犬守夜，蜂釀蜜，益蟲、益鳥之捕害蟲害鳥，各有各的責任呀！我們怎麼去盡責任呢？衛生，做好人，是對身體的責任；求知識，認眞做事，是對精神的責任；救濟別人，不損別人，是對社會的責任。大家都盡責任，大家都好了！國家也好了！世界也好了！還有甚麼害已害人打仗的事發生呢？

諸君！"少吃東西，多負責任"，這兩句話要大家記着，要大家實行。

二、盡在不言中

　　中華書局月報編輯人要我寫點說話，我因爲沒有功夫，未曾交卷；昨日又來向我索債，並且說："此期月報將校好了，專候你的文字"。

　　我想說的話很多，但是一時無從說起而且本期月報只給我留了半面的地位，說些甚麽好呢？

　　我現在不說甚麽。請讀月報的同人，自己想想，有沒有要我說的話？有沒有怕我說的話？

　　哈哈！妙啊！盡在不言中！

三、德是自利、利他的

"德"字怎麼樣解釋？古今中外的人，對於這個問題，答案很多，我也不必詳細引證。我對於這個問題的答案是："德是自利、利他的。"德何以是自利利他呢？自利又何能利他，利他又何能自利呢？待我舉幾個例，說說明白。

譬如勤：做事能勤，方能成功，這明明是自利；然而一個人能勤，別人可以受他的益；倘若一個人不勤，別人就要受他的累。我們想想看！比方我們幾個人在一處辦事，有一個人怠惰，結果不是誤事，就是要別人偏勞。在不勤的人，有職業不保的不利；在別人有受累偏勞的不利。豈不是勤就自利利他，不勤就自他都不利嗎？

譬如儉：儉是自己少用錢，不靡費，這更明明是自利了。然而自己少用錢，就可以不向別人借錢，有時還可以借錢救人的急，這不是利他嗎？不靡費可以替世界上省了許多吃用的東西，可以免了競爭場面勉強靡費的惡習，這不是利他嗎？況且節儉必能儲蓄，積少可以成多，各種大事業的資本，都在這裏面；有了大事業，許多人都可以有職業，這不更是利他嗎？

至於義務事業，表面上完全利他；然而我能盡義務不享權利，一定增加自己的信用名譽，這不是自利嗎？況且你肯盡義務替社會做事，社會受益，間接個人也受益。比方驅蠅防疫等事，人己都有利益，斷沒有大家患傳染病，你一個人能永免的。——這不是自利嗎？

　　慈善事業，表面上更是利他。然而我心稍慰，就是利己。我萬一窮困殘廢，慈善事業可以救我，不啻一種保險，那更是利己。

　　此外如正直、信實，一方增自己的信用，一方免事業的敗壞；謙虛和氣，一方免別人生氣，一方免自己受辱。不都是自利利他嗎？

　　總而言之：德是自利的，利他的。自害的不是德，害他的也不是德。表面上自利，實際上却自害——像貪利舞弊等；表面上利他，實際上却害他——像以山珍海味給小孩吃；都不是德。我們怎麼樣進德？只要遇事研究：研究是否自利、利他。

四、人的條件

觀人或自勵，均應注意下列六字：

　　　　才（才幹）

　　　　德（德性）

　　　　學（學問）

　　　　識（識見）

　　　　氣（氣度）

　　　　體（體魄）

今將此六字簡單說明如下：

才。上材不器。（《論語》"君子不器"言君子體無不具，無論何事均能應付不限於一端也。）中材成器，下材不成器。不器須有天才，更須長時間之修養，非人之所能。普通人只求成器，切勿不成器，足矣。

德。德之範圍既廣且深。欲求可以包括一切之語，只有"忠""恕"二字。忠則可以託六尺之孤，恕則己所不欲勿施於人。其下手之方，厥惟能忍。勤者忍勞，儉者忍費，信者忍謊，廉者忍貪，禮者忍肆，推而至於一切道德，無不可以忍字入手也。

學。學問無止境。學之注腳又有二：其一學所以為人，其一學所以應世（語文、寫算均包括在內）。善學者其才德識氣體均可進步，不善學者反是。

識。識亦有兩種：常識，見識，是也。常識有深淺廣狹，然無水平綫以上之常識者，是爲愚人。見識有高低，然留意而有斟酌者，其見識必較高，否則反是。盲從爲見識之大患，常識爲見識之益友，吾人其勉旃！

氣。氣度亦各人不同。析之亦有二：氣宇，氣量，是也。氣宇宜軒昂沈着，不可鄙倍輕浮；氣量宜寬宏渾厚，不可偪窄刻薄。

體。健全之精神，宿於健全之身體。身體不健全，不但一事不能爲，並眠食亦不克安。吾人天賦之強弱，萬分不齊。然保衛勿斲喪，固吾人力所能及也。

以上六端，看來無甚深奇，然人之所以爲人，決不能出此六端之外。缺才者是謂飯桶；缺德者是謂惡人；學識缺一，是謂愚夫；氣度太差，不惟無人與共事，自己亦異常痛苦，充其量只有自殺；身體不健全，則成廢人矣。吾人苟不願爲飯桶，爲惡人，爲愚夫；苟不願自殺，成廢人；尚望於此六端注意！

五、忠厚與君子

世人或以忠厚爲君子，或以忠厚爲無用之別名，吾以爲皆非也。實則忠厚指人之心地，非表其人之能力，亦非示其人之道德品行也。

吾以爲君子須有四能：

（1）能見；

（2）能思；

（3）能爲；

（4）能不爲。

能斯四者，心地忠厚之人，固不爲惡；卽非忠厚之人，亦必不肯爲惡。蓋能見則事理明，能思則輕重審，能爲則職分盡，能不爲則操守固：得不謂之君子乎？世之所謂忠厚（老實人）者，欠聰明則不能見，缺理想則不能思，乏能力則不能爲，乏定力則不能不爲。不惟無用，抑且不能忠，不能厚也。

吾人欲爲君子乎？居心固不可不忠厚，而充分之常識，明確之見解，尤不可缺也。

六、澈底明白

我們無論辦事求學，最要緊的是澈底明白。倘不能澈底明白，一定不能成功。

澈底明白的方法有三：一，有明敏的觀察力。但此須有天才，不是人人都能的。二，隨處留心，爲有系統的研究。三，多做事。百聞不如一見，用目不如用手和腦。用手和腦做過之事，方能深入。

此篇文字極簡單，望閱者想想看！我能澈底明白嗎？我爲甚麼不能澈底明白呢？

七、觀察力談話

　　三舍弟執留學美國時，一日，上昆蟲學課，時正隆冬，教師命學生各采昆蟲五十種，明日携到課堂。諸生大窘，以爲如此嚴寒，何從來如許昆蟲。盡力搜集，僅得十餘種。次日，白教師。教師笑曰："諸君觀察力不足，故如是也。我爲諸君采之。"明日上課，教師果得昆蟲五十種，陳諸講台。又一日，師生同出外采集，過一樹下，教師詢學生曰："此樹上有昆蟲幾種？"有言一二種者，有言三四種者。教師曰："此樹上某枝有昆蟲幾種，某幹有幾種，合共十八種。"諸生分別采集。事畢，數之，適十八種。

　　觀察力爲講學治事最要之條件，我在南洋大學講演時曾道及之（載南洋大學《經濟學報》第一期，中華書局同人進德會《進德》季刊第三卷第二期）。如何能具觀察力？則由於天才者半，由於學識經驗者半，而隨時隨地留心，又最要之條件也。

八、遊戲三昧

我最喜開玩笑，不但同輩的朋友如此，並且和學生如此，甚至和傭僕也常常如此。不但當面如此，連寫信也如此；不但說話如此，連作文也如此。

A君問我："你說話常常開玩笑，沒有甚麼問題，何以我說人家一句'爛汙'人家就和我大起交涉？"我答道："你和誰說？你為甚麼出口時不斟酌斟酌？"

B君問我："某某寫信給你，自署'烏龜'。你寫信給他，也稱他'烏龜'。何以我寫信給朱君稱他'豬'先生，他很不高興，勸我下次不要如此呢？"我答道："開玩笑第一要擇人，第二要擇地。朱君辦學校，因為你一封信，惹得學生亂叫'豬玀'，他量大，不過勸勸你；在量小的人，恐怕要你點香燭賠禮呢！"

C君問我："我作了一篇遊戲文字，惹得滿城風雨。但是某某某某作了許多遊戲文字，不但沒有招是非，而且人家說他作的好，這是甚麼緣故呢？"我答道："古人說：'毋道人之短'，又說：'毋訐人陰私'，又說：'勿議人閨閫。'作遊戲文字，更要注意這種地方。否則不但損人格，惹是非；甚至說者招殺身之禍，受者萌短見之想。可不慎歟？"

哈哈！做人難，做人真難。不但做事難，吃飯難；開開玩笑，樂意樂意，都有這許多花樣，豈非做人真難嗎？

哈哈！做人不難，做人真不難。只要你一舉一動，一說話，一下筆，稍微斟酌斟酌，就沒有甚麼難了。

　　會者不難，難者不會。讀我這篇文字的人！你想想看！你會做人嗎？

九、萬惡惰爲首，百善忍爲先

我常想用一二句話，做《進德》概括的法門，總尋不出來。今日，《進德》季刊編輯人袁君聚英來向我要稿子，並問我對於《進德》有甚麼意見，我老實不客氣說：

這季刊是我們同人相互交換知識意見的，內容的好壞、材料的多少，都沒有問題。不過誤期是萬萬不可的。因爲誤期就是失信，失信是最不德的。我以爲以後無論稿子多少，一定要依期出版。假使只有十頁八頁，也不要緊。萬萬不可失信，自陷於不德。

聚英走後，我就想將"信"字提出，做"進德"概括的法門。想了一想，"信"字固是德之重要條件，但是不能包括一切。忽然想到舊話的"萬惡淫爲首，百善孝爲先"，我以爲這兩句斷不能做"進德"概括的法門。我便改了兩字，成爲"萬惡惰爲首，百善忍爲先"。

惰的反面是勤，忍的反面是任性。勤而不任性，已入進德之門了。我以爲勤而不任性的人，斷無淫而不孝的。

現在再加點說明，以證明此二句可爲進德概括的法門。

勤（不惰）。

能自食其力，能自立。

能以餘力助人，能立人。

終日勤勞，無暇作不規則之事。

能研究學問。

能從事修養。

能稱職。

愛惜光陰，不作耗時之事。

能開利源，能闢新世界。

忍（不任性）。

忍嗜好。

忍貪性。

忍性慾。

忍憤怒。

忍欺謊。

耐勞。

耐苦。

耐久。

耐煩。

十、你能不能受苦

近來一般人，以爲生活要在水平線以上，不能太低。我以爲生活的高低，應該看各人境況。而且有十分的境況的人，最多只可營七八分的生活。並且儘管境況好，生活好，但是自己必須有耐苦的能力。否則個人境況爲難，或過着天災人禍的時候，那便無以爲生了。

我很會考究，有時吃十餘元一桌的酒席，我還要批評好壞。但是我更很能刻苦，現在舉幾件事談談：

我能吃白飯——沒有菜，連鹽、醬、開水都不許有——新近還試驗過。我平日是菜多不吃飯，有菜少吃飯，無菜反多吃飯——我平時只吃一碗零，吃白飯可吃兩碗——誰不相信，誰可來和我試試。

我在民國元年，本局剛開辦的時候，忙得吃飯的工夫都沒有。常時一面辦事，一面嚙冷麵包。後來有時在店無暇吃晚飯，夜間另有事，又不能回家吃飯，便賣❶一個銅元的粥，一個銅元的蘿蔔干。就是我一頓夜飯。

衣着我很隨便：鞋襪常是破的；夏天一頂草帽，其餘三季都是一頂紗帽。有一次嚴冬在北京，夜間坐人力車在馬路上走，忽覺頭頂有如針刺，先不知道是甚麼緣故，後來才明白了，是冷氣從紗眼穿下來呀。衣服全是我妻料理，有時做得漂亮一點，我覺着不合式，

---

❶ "賣"當爲"買"。——編者註

不甚願穿——竟有從未穿過的。民國六年，我把一件羊皮袍給了杜生光祖——他考入北京清華學校——我因爲窘和懶，三年沒有羊皮袍。

　　至於服役，我更是不辭勞瘁，不擺架子的。我初到上海，夏天的紗衣綢衣，總是自己洗。注意！彼時我任上海昌明公司經理，不至於要省洗衣費；實因洗衣人洗綢衣，一兩次便洗壞了。——結婚的前一年，每月收入百餘元。我住在一個朋友的樓上，除倒馬桶等事由友人的一個老女傭代做外，其餘灑掃拂拭等事，都是我自己做。我早上六時左右起來，自己提一把壺到弄外買水。六時一刻左右讀書。到八時隨便吃點東西，就出去辦事。往來常步行，不甚乘車。這種生活，我覺着很有趣。現在雖不如此，但是我早晚常步行，如有三日不散步，便覺着很不舒服。

　　我出門從不帶僕人，不帶路菜點心。有事自己做；沒有合式的飲食物，或勉強吃點，或任其飢渴。稍微受點苦，苦過反覺着有趣。

　　我並非主張苦生活。我主張練習受苦，不但可以節儉，也算一種本領，將來一定可以得他的益處。常聽人說：“沒有合口的菜，吃不下飯。”又看見許多“少爺”（？）派的人，無論甚麼事都要人服役。我以爲都是可恨又可憐的。

十一、學然後知不足，做然後知不能

　　我十幾歲的時候，自己覺得：學勝他人，才蓋當世，幾乎沒有我所不能的。

　　後來多讀一點書，方才知道學問浩如烟海，我所知道的不過恆河沙數之一。辦了許多事，方才知道才不才之相去，不是一與十、一與百之比；簡直是一與億兆京垓之比。而智者千慮，必有一失；愚者千慮，必有一得。笨人偶有所得，竟有非聰明人所能夢想得到的。

　　近來有許多人：自己學力甚幼稚，却自命不凡；自己沒有辦過事，不但看事太易，且不以他人之慎重爲然；自己非哲人非能人，却藐視愚者之一得。

　　我敢正告我同志兩句話：

　　學然後知不足。

　　做然後知不能。

十二、人生如何

有許多消極的人，覺着塵世勞苦，以爲出家做和尚，便可清淨安適。那知和尚有和尚的工作，有和尚的煩惱，有和尚的痛苦。而且非帶錢出家，還要做苦工受氣呢！

有許多厭世的人，覺着活人痛苦，以爲死了做鬼，便可以了事。那知無道力的鬼，比活人難受萬倍。佛教、耶教所說的地獄，雖未必實有牢獄；然而靈魂的痛苦，恐怕比眞正關在牢裏還要苦罷！

有許多糊塗的人，覺着持躬謹愼，不甚舒暢，或放蕩不羈，或懶惰閒❶游，或迷於酒色，或一擲千金，以爲沒有甚麼要緊，那知業務既荒，黃金有盡，一旦落魄，乞食無門。那時望着一般謹飭的人，安於職業，不但自覺有上下牀之別，有時還只好厚顏去討幾個錢咧！

我想：人爲動物，動物一定要動作；人有靈性，有靈一定要思想。停止動作和思想，是人做不到的。如果做到，那便成了非生物、非動物、非人了。

甚麼是善？甚麼是惡？我以爲善惡都在動作、思想兩軌道上走。動向善，思向善，便是善；動向惡，思向惡，便是惡。人不能不動不思，一動一思就有善惡之分，所以君子要愼。——愼獨，愼思，愼言，愼行。

人不能不動不思，動思又怕向惡，於是我們要求一種能寄身心

---

❶ "間"，疑爲 "閑"。——編者註

的方法。靜坐、念佛、念經、讀書、寫字、繪畫和研究一切學術，都能使我們身心有所寄，但是這種寄法，不易感興味，不能一定有恆。只有職業因爲生活上、責任上、名譽上種種關係，最能使我們天天服務，天天寄身心，厭煩也只好忍耐，痛苦也只好忍耐，所以職業是解決人生問題最好的方法。

況且職業有高有低，你只要肯去做，總可以得着職業的。唱戲的正角是職業，撐旗打鼓也是職業；僧僚的方丈、法師是職業，撞鐘、斫柴也是職業。職業雖然有高低，但是高的裏面，低的裏面，都可以有出類拔萃的。行行出狀元，就是行行可以使人有無窮的希望。我說一句笑話：職業簡直是一個孔夫子，他能因材施教，他能有教無類，他能使上智下愚各得其所。

大哉人生！大哉職業！

十三、三個問題

一、你有甚麼本領（學問、技能、才幹……）？

二、你每月收入若干？够用不够用？能儲蓄若干嗎？怎麼能够用？不够用怎麼辦？

三、你將來的希望如何？你打算怎麼達到你的希望？

十四、職業的主權

一般就職業的人，常有三種心理：
（1）我的本領，何以無人知？何以無人用？
（2）未得職業時，只怕得不着；已得職業後，又嫌不滿足。
（3）時時怕失業。

我以爲這三種心理都錯的。你如有本領，就是現在不得意，然金鋼鑽夾在沙礫之中，遲早必有人發現，必有人當他寶貝。人家得着金鋼鑽之後，一定不肯拋棄如泥沙。只怕自己不是金鋼鑽，不是金銀，並且不是銅鐵錫鋅……却是泥沙，却是僞鑽，那麼，遲早必被人發現，遲早必被人拋棄。虛驕，詐僞，矇混，不安分……都是我們的大敵大害。

職業的主權，在我不在人。況且從古以來有"才難"之歎，如果是"才"，何怕沒有職業呢？

有些人並不是完全無本領，却處處"扯爛污""搭漿"而自己以爲乖巧。弄到後來，却扯了自己的爛污，却搭了自己的漿。人家受害有限，自己吃虧無窮，這更是何苦。更是不值得。

十五、成功之三秘訣

一，勿懈怠：無論辦何事須精神貫注毫不懈怠，方可有成功的希望。不曠工，不告假，早到遲退，固是不懈怠。時時刻刻留心自己的職務責任和如何進步，更是精神上的不懈怠。

二，勿耗費：耗費金錢是耗費，耗費光陰更是耗費，耗費精神更是耗費。有形的濫用是耗費，無形的漏巵更是耗費。我們要成功，須有本領和資本。本領和資本的大敵，就是耗費。能不耗費，本領和資本就慢慢地增加起來了。

三，取精用宏：自己多思想，多做事，多閱歷，更讀書看報，以知道古人和現代別人的思想行爲；如此，便可取精用宏，遇事不致茫無頭緒。

十六、工商界做人的條件

甲、基本條件

（1）有恆心；

（2）有責任心；

（3）忠實；

（4）正直；

（5）儀容整潔；

（6）有禮貌；

（7）勤；

（8）儉；

（9）互助；

（10）衛生。

乙、本業條件

（1）自己職務勝任；

（2）明瞭一切事情。

丙、特別條件

（1）創造力；

（2）計畫；

（3）判斷力；

（4）思想力；

（5）能指揮人。

近來常有人問我道："吾人持己、處世、任事，應該有些甚麼條件？"我所答復的常不免遺漏。現在細細的想一想，照上面所寫的開出來，大約在實業界的人：能有基本條件的，都可以站得住；肯練習、肯留心的，本業條件也不甚難；至於特別條件，必須有天才，有學識，不是人人都能的。但是非有一二種特別條件，決不能擔當重大的事呀！

十七、彈指十二年（題中華書局週年紀念全體同人攝影）

此中華民國二年一月一日，我局同人以週年紀念共攝之影也，彈指十二年矣。此寥寥數十人，在此十二年中，有死者，有衰者，有進步發展者，閒亦有墮落者，果物之不齊歟？抑自力之不同歟？

回溯當時，此呱呱之書局，甫屆周晬；余年二十七；卽號稱老大哥之戴君懋哉，亦不過四十一歲；最幼者爲李生廷炤，時年十三，今則少年英俊，身長玉立，偕某西人周游環球歸，任萬國儲蓄會要職矣。

人生不過數十年寒暑，任事至多五十載，能經幾個"彈指十二年"？吾人應如何注意此一彈指？應如何求此一彈指間之進步？

十八、效率之三原素

我們作事，應該研究效率。

效率最佳的，是：費用省，時間省，成績好。

效率最劣的，是：費用大，時間長，成績劣。

介於二者之間的，就要看他的最低限度和平均分數如何。以相當的費用和時間，做出相當的成績，就算及格。有一項不相當，其餘兩項雖在水平線以上，仍算不及格。因爲費用省、時間省而成績不好，這項工作實無用處；費用省、成績好而時間太長，人將不我待；時間省、成績好而費用太大，將得不償失。所以我們講效率，要將三項完全顧到。在水平線以上有高低可講；在水平線以下，便是不及格；同一不及格，便沒有甚麼高低可講。我們比較效率，應該將此三項注意周到。——費用省，時間省，成績好。

十九、店員須知

一，店員之定義。經理、職員、學徒，都是店員，都應該知道店之地位和自己的責任。

二，店員之責任。店爲甚麼要店員？爲甚麼不能一個人不用，任顧客進出？店員爲甚麼要投身於店？這三句話驟聽得似乎好笑。其實店員的責任，就在三句話的答案裏面了。美國有種商店，無店員接待顧客，任顧客取貨付錢。然貨物之選擇、陳列、布置、定價等，那一件不是店員做的。不過他們利用人民的道德和機械的方法，減少店員而已。我國有句俗語說道"死店活人開"，確是至理名言。

三，店員之目的。店員之目的，在店有盈利。蓋必店有盈利，而後店可發展，店員也受其益。反言之，卽店用店員和店員投身於店，決無想店虧折的。

四，店員之三條件。店員之條件甚多，多了便難記難行。且有許多是關於普通修養的，我現在就最要三條件，說明於下：

第一，要使顧客滿意。商店多得很，顧客買東西，何必一定要光顧寶號？寶號是不是要吸收顧客？我們如不能使顧客滿意，顧客一定去而之他。所以使顧客滿意，使顧客覺着買東西必到我店，是我們做生意的第一條件。至如何能使顧客滿意，方法很多，只要我們拿定這個主義，便可隨境生情的應付了。

第二，要不倦且合同的工作。"這山望着那山高"是普通的人情。對於現有的生活，易厭易倦，也是普通的人情。有才的人，輕看無才者；無才的人，又和有才者合不上手；這也是普通的人情。我們既作店員，應該以店爲前提，大家不厭不倦，通力合作。當整頓的要整頓，當忍耐的要忍耐。能如此，那店沒有不發達的，那店的店員，也沒有不光榮得益的。

　　第三，節儉儲蓄。店虧折，店員落魄，什九都由於店員奢侈虧空。要挽救店和店員，只有節儉儲蓄。收入多少是有限制的，生活高低是無限制的。我們如以有限制的收入，去追逐無限制的生活，那有不失敗的呢？所以我們應該抱定宗旨，收入十分，至多用去八分，能再少點更好。儲蓄在那裏，可以作意外之需，可以作養老之用，能儲蓄的人，決不會過不去的。

　　有不能實行此三條件的人，造出許多高妙的議論，我們不可爲他所惑。更有許多虛榮的人，爲了虛榮害自己，或則和人相罵，或則偷懶，或則濫用。他是害他自己，我們不要學他。

二十、招待顧客之二例

民國十一年冬季，有一天，我在總店樓下，見一買客，口操北音，丰神不凡，走向第一櫃。我立櫃外，與之攀談。彼買玻璨版字帖一本，櫃員找錢包紮之際，我告以有新出之某某帖某某畫；隨令櫃員取出與觀，並逐項加以說明。買客顧而樂之，盤桓甚久，共買四十餘元之碑帖書畫而去。次日，汪董事幼安來言："江甯鎮守使王廷楨君，昨來買物，遇一戴眼鏡之櫃員，能說官話，招待殷勤，彼甚佩服。囑轉告君，勿令此人長埋沒。"我一凝思，笑曰："是卽我也。"汪亦大笑而去。

張傑三君言一事，尤可爲吾人借鑑。一日，在席間遇一客，詢："有何新書？有書目否？"張答："有圖書目錄，新出書另有樣張傳單。"客曰："余昨到貴局索書目，櫃友言無有。且以白眼相加。"張言："此友或新來，不甚了了。"旋詢客之住址，席散後，卽親檢書目、樣本、傳單等送去，則客尚未回寓。張留交茶房，並留一條。夜間十一時，客來電話，道失迎之慊，並言明日起行，須定《四部備要》預約一部，買《泉貨彙考》一部，並其他各書。囑明早八時送至旅館，共價若干，卽交來人帶回。次日如言辦理，共計二百餘元。此後常將書目、傳單、樣本寄去，客亦常有信來，遂添一老主顧矣。

二十一、上海食住之補救問題

上海所吃的是機器白米，不但糠去淨了，滋養料——尤其是維他命——和消化，都大受影響。而且白米之白，非全是米之白，實在是參了礦物粉，所以更不易消化了。

上海房價之大，甲於各處，因而住的地方，非常狹窄。窮苦的人，一幢房子住五六家，不必說了。就是中等人家，住一樓一底或兩樓兩底，空氣也不十分充足。

因爲上面兩種原因，所以面白體弱的很多。我有兩種補救方法，不費錢，不費事，容易辦而益處大。大家何妨試試看！

一，買連麩的麥子或連糠的糙米——兩種並用亦可——先炒一炒，磨成細粉，拌在粥內或牛奶內吃，或用開水沖調亦可。這個法子，比吃補藥益處還要大。

二，每日無論早晚，出外步行半點至一點鐘，能行深呼吸更好。不但得空氣的利益，並且有運動的功效。

二十二、用財與道德

我近來看見幾件事：

（1）ㄅ君月入十餘元，着的衣服很華麗。

（2）ㄆ君月入二十餘元，乘電車頭等座，口啣雪茄。

（3）ㄇ君月入十餘元，每日吸香煙至少一包——十枝。

（4）ㄈ君月入二十餘元，在上等理髮館理髮，並爲友人付理髮費。

（5）ㄎ君月入二十餘元，結婚大張筵席，所費約抵彼三年之收入。

（6）ㄉ君月入二十餘元，着很時髦的洋裝，一面仍有普通華服。

（7）ㄊ君月入十餘元，每日必吃一角左右之零食。

（8）ㄋ君月入三四十元，打牌常輸至三五十元。

（9）ㄋ君月入三十元，但出款常至五十元。

諸君！這九位並不是甚麼壞人，不是甚麼不道德的人，然而他的結果，一定不好。

生活的高低，沒有一定的。高了還有高，低了還有低。我們用財，當守定"量入爲出"的古訓。不但應該量入爲出，並且應該儲蓄十分之一至十分之三，方才可免後患。

生活應該以甚麼爲標準，這句話很難下判斷。我以爲如不寬裕的人，只可以下列條件爲標準：

（1）布衣，冬季重棉。

（2）蔬食。

（3）安步當車，遠路乘電車三等座。

（4）戒消耗，戒應酬。

常人有兩種誤會：第一，要面子。殊不知面子是虛的，你儘管衣服華麗，應酬周到，不過騙騙無知識的人；有知識的人，反要說你不好。你有急難，不見得人家因爲你的面子借錢給你。第二，以爲小費沒有甚麼要緊。殊不知以年息一分的複利計算，每月一元，二十年要八百餘元呢！我能每月儲蓄一元，二十年可有資本八百餘元；我每月虧空一元，二十年就要負債八百餘元，況零星借款，利息甚大，恐怕還要多負些債呢！諸君要維持個人的道德，謀將來的福利，請注意量入爲出，安守本分。

二十三、我們爲甚麼提倡儲蓄壽險

我們同人組織儲蓄壽險,實在是一種最好的合作事業,實在是最有益於道德和將來生活的方法,實在是家庭的一種保障。

我們儲蓄壽險團,開辦不過五年,總分局同人投保的已有一千人,資產已有六七萬之多。出險過十餘次。照章賠足,死者家屬,得這一筆款項,不無小補。團中因爲沒有開銷費用,所以每年還有盈餘。

投保的人,不幸中途死了,固然可以得賠款,爲身後和家屬的補助。中途不死的人們,十年期滿,還本之外,尚有利息。得着一筆薑款,或作子女教育婚嫁費,或造一宅小住屋,或辦點公益事業……用途是很多的。況且現在由公司每年津貼保費十分之一,投保的人們和增了一種收入一樣。照此計算,期滿所還之本利,已在年息一分以上了。

我在儲蓄壽險團投保五十份。期滿之後,可收回三千五百元。我如果期內不死——我自信決不死——屆時一定拿出來做一種公益的事。

二十四、相法格言

> 未富先富終不富。
> 未貴先貴終不貴。
> 未貧先貧終不貧。
> 未學先滿終無成。

此四語乃相書上觀人之法，吾以爲卽不講相術，而以常理觀人，亦必如是。

曾見小得意或稍讀書之人，輒志得意滿；或美衣美食，用度不稱；或夜郎自大，驕矜現於面；或故步自封，不肯奮鬭。此種人終必失敗、落魄、短命、無成，不過時間有遲早耳。

《易》曰："君子終日乾乾，夕惕若。"蓋吾人在世，以精、氣、神爲主，失其一卽不能生；卽使不死，亦行尸走氣耳。彼未富先富、未貴先貴、未學先滿之人，其神失，其氣衰，其精難葆，安能再有進步哉？

未貧先貧，非裝貧也。特時時自警，勤勞節儉，不失本來面目耳。吾向來喜作不利想，喜作不吉語，蓋成功如爲山，失敗如崩山，待其失敗而後自警，恐已不及矣。惜世人不明此理，非惟不能安不忘危，且於未安之時而自種危因也。悲夫！

二十五、兩張請帖

今日我又接着兩張同事發的請帖：一張是生子請滿月酒，一張是做生日。

我向來主張應酬愈少愈好。照現在自好的人，大概喪事雖不鋪張，却還不能不訃告；娶婦除至親好友外，已多不通知了。生子和壽辰更算不了一回甚麼事，決無大開筵席高朋滿座之理。我從前已經説過，却自愧德薄能淺，不能感化人，近來尚不斷的有這種事。

我現在將我和俞仲還先生做兩個例：

俞仲還先生少年科第，二十五年前，在無錫辦三等學堂，復任文明書局總理、本局印刷所長、駐局董事。今年高壽六十了。兩子均美國大學畢業，一在唐山任工程師，一在長沙任工專教授，眞可以算得"年高德劭福壽雙全"了。今年我們想替他做個紀念，不打算"大開筵席高朋滿座"，想集一點款子預備建築一個小紀念室，將來或開學校，或做別事。俞先生不肯，鄭重説道："我不願因我生日，使人家破費。就是辦公益，也不要借我生日的名目。且到吾七十歲再説罷！"俞先生兩個兒子娶親，一點都不驚動同事，恐怕同事中有許多到現在還不知道咧！

我除三件喪事和先君七十壽辰外，不敢驚動外人。就是這四件事，也是狹義通知，並不驚動全體同事。我續絃時，除親戚外，一概不發請帖，不收禮。在一品香結婚，男女家同在一起，到一百二十餘人。留餐者九十餘，只用一百八十餘元。我三十六歲生子，我也沒有甚麼舉動。民四我三十歲，今年我四十歲，連我自己都記不清日子。此外先君六十壽辰、先母五十壽辰、先祖百歲冥壽，除自己家族外，一個客也沒有。

當這時世，提倡節儉還來不及，爲甚麼好虛榮鋪張揚厲自害害人呢？孔老先生說："禮，與其奢也寧儉；喪，與其易也寧戚。"在我腐敗的頭腦中，認爲萬古名言，不知讀者以爲如何？

二十六、一件有趣的提議

日前有一個人結婚，借大旅館作禮場。我算算他那天的費用，恐怕已超過他一年的收入。再加上那天以外的費用，恐怕五年的收入還不夠。如果息借而來，恐怕更無償清的時候了。

我想，我們同人結婚，應該力崇節儉。結婚時省用一文，即結婚後生活上可寬裕一文，即將來子女教育上可多存一文。我現在擬一個最簡單的辦法如下：

一，借總廠飯廳作禮堂，公司不收費（電燈由公司盡義務），只要犒賞茶房四元（保定四元不許增減）。

二，進德會音樂隊義務奏樂，不用他種音樂。

三，行禮後茶點，不必備筵席。

四，時間如在星期日，午前八時至十一時，午後一時半至四時半均可借用。如非星期日，晚間七時至十時最宜。（婚，本作昏。昏禮者，黃昏後所行之禮也，所以晚間並沒有甚麼不好，並且在晚飯後，不備筵席更便利。）

至於送喜禮，我也有兩個最便的辦法如下：

（1）各人送錢彙存儲蓄部，至少存十年，可供新郎新娘所造新國民教育費之用。

（2）各人送錢代新郎新娘買嫁具。

送禮不必硬裝場面，彼此樂得省些，我以為普通送小洋二角至一元。（自己寬裕而又有特別交情的，不在此例。）

甚麼軸子呀、對子呀、花籃呀……種種無用的東西和各種奢侈的東西，千萬不要送。送者費錢，受者不受用，那是何苦呢！

二十七、關於結婚的種種

近來同人中在結婚前或結婚後，發生種種不良的現象——道德的、經濟的、衛生的，所以我現在就我所見到的，和大家談談。

甲、結婚前的

一，時期。我國向有早婚之習，現在仍所不免。古人男子三十而娶，女子二十而嫁，極有道理。第一，凡人要到此時，身體方成熟。在本身衛生上和子女體魄上，都極有關係。西人最近調查世界名人，都在他父親三十歲以外生的。而且名人的家庭，沒有百年內見四代的。此和我國古代三十年爲一世之說，十分相似。第二，經濟到此時方能獨立。譬如費三百元結婚，遲緩七年，便可本利得六百元。養家費假定每月十元，遲緩十年，便可得本利二千元零。如一方負債結婚，一方生活支絀，那相差更不可以道里計了。

二，年齡。結婚年齡，男子以三十左右爲最適。至少須滿二十五歲，遲到四十歲也不妨。女子至少須滿十八歲，遲到二十六七也不妨——再遲恐生育困難。男女年齡的相差，至少五歲，最好十歲至十五歲。因爲女子比男子早熟，我國納妾的習慣，我認爲是早婚和女子體弱的結果。

三，擇配。選擇配偶，是最要最難的。舊俗的自幼定婚和憑媒人上下其手的定婚，當然是不行的。但是自由結婚，也靠不住。因爲在未結婚以前，雙方都不免遮蔽弱點。在閱歷淺的人，更容易上當。我國現時却無十分好的方法，或則"婚姻自主"而以父母兄姊師友作顧問，可以算得比較的好法子罷！如果已有自幼定婚的人不妨打聽打聽她能料理家事，儘管沒有讀書，毫不要緊。因爲娶妻不是娶女博士。無才的女子，不見得不是好配耦，有才的女子，不見得一定是好配耦。

乙、結婚後的

一，感情。夫婦以感情爲第一義，然又不可溺於感情。某君說："剿撫兼施，恩威並用"。雖然是說笑話，却含有幾分至理。最要的是互相諒解，最不好的是爭閒氣、爭面子。不過現在的時候，男子較有見識，遇着關係重要的事，應該自有把握，不可敷衍將就。

二，經濟。經濟是生活的命脈。無力維持生活，千萬不可結婚。預算要有把握，且須稍有餘裕。否則多生一兩個小孩，或遇意外的事，就要入窘鄉了。更有兩個秘訣：（1）寧苦勿負債；（2）不要賒買東西。犯了一件，必入窘鄉。

三，衛生。普通家庭衛生，不是這短篇所能說的。古人說："上士異室，中士異牀，下士異被。"這却是很要緊當注意的。否則健康必受影響，甚至成了癆瘵以至喪命。

二十八、我們爲什麼要讀書？

我們爲甚麼要讀書？現在一班人的答案，或說"爲求學問讀書"，或說"爲賺錢讀書"。我以爲都不能包括這問題的全體，而且不免有錯誤。

我以爲答這個問題，要先把前題分清楚。答案如下：

（1）普通學校的學生爲人格讀書。

（2）專門學校的學生爲人格，或學問，或技能，或職業讀書。

（3）有職業的人爲職業或修養讀書。

更有三種消極的答案：

（1）讀書的讀書，是爲讀書而讀的，不可有致用之想。

（2）應用的讀書，是儲蓄備用，不是立刻應用，也不是件件要用。

（3）不可存讀書賣錢之心。

我們有職業的人，應該每日有半小時至多二小時讀書。不可不讀，因爲職業上、修養上都有讀書的必要。不可讀得太多，因爲太多了有妨辦事，有害身體，更恐食而不化，變成書簏。

我們應該讀甚麼書？此問題的答案，要看各人的性之所近、各人的程度、各人的需要，不是可以一概而論的。簡單言之，我以爲除無益的小說之外，無論甚麼書都可以看。

我每日讀書，少則半小時，多則一小時許。從十七歲出來任事到現在，差不多都是這樣。我沒有長性，這樣看看，那樣看看，所以常識雖然有一點，却沒有一樣有心得的。

　　我想讀書的方法，應該常常有一種專心精讀的；此外隨便涉獵，只要看得懂，無論甚麼書都好。

二十九、最低限度當讀之國學書

近來青年頗注意國學，但是應該讀些甚麼書，却是一個問題。梁任公、胡適之兩先生各有一種書目發表，但是各有數千冊，不但讀不了，而且買不起。我是天資較鈍的人，讀書也不多，然而我的讀書力、買書力，恐怕一般青年，已經不能人人做到，所以我現在再降格以求，定一個最低限度。

經部

四書 最要，當熟讀。先《論語》，次《孟子》，次《學庸》，中華書局聚珍做宋版最佳。局版亦佳，惜近年印刷不好。石印本及坊刻本，不可靠。

《詩經》 就能了解而歡喜的熟讀。朱註局版較佳，古註中華書局聚珍做宋版佳。

《易經》 《文言》《繫辭》當熟讀。朱註局版較佳，古註中華書局聚珍做宋版佳。

《禮記》 可選讀《檀弓》《學記》《樂記》等篇。陳註局版佳，古註中華書局聚珍做宋版佳。

《左傳》 可選讀若干篇。中華書局聚珍做宋版佳。

《說文解字》 中華書局、商務印書館均有影印本。

《文字蒙求》 通行本。

《文字通詮》 中華書局本。

〔三書可任讀一種，《文字通詮》尤精而易讀。〕

史部

《史記》 此書為我國史學界創作，識力瓦絕古今，文字尤佳，宜全閱。並選讀二三十篇。中華書局聚珍做宋版、局版均佳。

正續《通鑑輯覽》 文明書局印行。所續清史雖不精，然此外並無佳本。如無力買此書，任何綱鑑閱一種均可。

《清朝全史》 日人稻葉君山著。中華書局譯büro。其中不能免誤。但較完備之清史，只此一種。近代史事應該詳知，此書不得不讀。

《中外地理大全》 中華書局印行。在現在各地理書中最詳。

如有餘力可讀《國語》《國策》、前後《漢書》《三國志》《資治通鑑》（中華書局聚珍倣宋版均有）、《文獻通考》等。

子部

《老子》_{全書僅五千言，爲子部最要之書，當熟讀。註乏善本。中華書局《老子古義》可與他子互證。}

胡適《中國哲學史大綱》上冊_{此書叙孔子不佳，但叙墨子等極佳。可當諸子思想史讀。讀此一書，可窺諸子大略矣。商務印書館印行。}

此外如有餘力，可讀《莊子》《墨子》《荀子》《韓非子》《淮南子》等。更或讀《管子》《孫子》《呂氏春秋》《春秋繁露》等（中華書局聚珍倣宋版均有）。宋明理學之書，太多不易讀。欲稍知宋儒理學，可讀《近思錄》。欲稍知明儒理學，可讀陽明先生《傳纂》（中華書局印行）。

佛書多而難讀，如欲知大概，可讀《佛學大綱》（中華書局印行）。

集部

《古文辭類纂》
《經史百家雜鈔》} _{中華書局聚珍倣宋版較佳。可就此兩書選讀一二百篇。如尚嫌寬泛，則讀《故釋義》《故觀止》亦無不可。（文明書局《續故觀止》多刪）}

《古詩選》
《今體詩選》} _{可就此兩書選讀三四百首。如嫌寬泛，則讀《唐詩三百首》《宋元明詩三百首》亦可。中華書局聚珍倣宋版、局版均佳。}

《宋詞三百首》_{朱古微編刻。}
《花間集》_{中華書局聚珍仿宋版。}
《絕妙好詞箋》_{同上。附詞選。}} _{詞選此三書最佳，可瀏覽一過，就最喜的熟誦。}

《陶淵明集》_{中華書局聚珍倣宋版。}

《王臨川集》_{中華書局聚珍倣宋版。}

《曾文正公詩文集》_{中華書局聚珍倣宋版。}

《曾文正公家書》_{通行本。}

《飲冰室文集》_{中華書局印行。}

專集浩如烟海，無從讀起。此四家均文從字順，而陶之恬淡，王之深刻，曾之集大成（家書文字淺鮮且於修養及人情事故有關，宜先讀），梁之代表近二十餘年思想，均爲現代青年所必讀。且陶、王二家著作，選本不多載，故必讀專集。

如有餘力，則韓、柳、歐、蘇、李、杜、白、陸等專集（中華書局聚珍倣宋版均有）以及《唐文粹》《宋文鑑》《南宋文範》《元文類》《明文在》等（中華書局均有簡編），不妨涉獵。

三十[1]、國學入門書

錢基博《國學必讀》_{中華書局印行。}

張之洞《書目答問》_{掃葉山房石印本。}

梁啟超《清代學術概論》_{商務印書館印行。}

讀此三書，國學門徑已得梗概，欲從事深造，儘可自定目的了。

小說

《西遊記》

《封神榜》

《水滸傳》

《三國演義》_{丁寶書有節本，極佳，尚未脫稿。}

《紅樓夢》

《鏡花緣》

《儒林外史》

《今古奇觀》

《老殘遊記》

中華書局小小說，已出百餘種，均取材於各著名小說。誨淫誨盜之材料，均不取。十五六歲以下之子弟，以讀小小說為宜。

以上所開各書，必讀者不過三十餘種。——如不讀詞和小說，

---

[1] 本節原書無序號，本次整理補加。——編者註

三十、國學入門書

不過二十餘種。——所費不滿百元。中等天資的青年，以課餘或業餘讀之，少則二三年，多則四五年，沒有不能畢業的。至於再求高深，儘可由各人分道揚鑣的去做，不在最低限度之內了。

三十一、《人生哲學》序

舒新城著了一部《人生哲學》，要我作一篇序。我說："我很想作一篇長序，但是我少有整閒的時間，要說的話又太多恐怕作不好。"

甚麼是人生？甚麼是人生哲學？我以爲"人"字是包括精神、肉體兩方面，"生"字是指活着的人。人生哲學就是研究活人的精神、肉體兩方面怎麼維持。

古人說："人之大患，在有吾身。"我以爲還不盡然。實在人之大患，在有生命之身。倘無生命，身入土中與草木同腐，有甚麼患呢？倘無肉體，靈魂飄盪宇宙中，就是有患，也不是生人之患。我們這個有生命之身，如何免患，這就是人生哲學。

孟子說"性善"，荀子說"性惡"，告子說："性無善無不善"，孔子說，"性相近"。其實性是種子，有善有惡。擴充善種，就是爲善。擴充惡種，就是爲惡。"人皆可以爲堯舜"，未必人人都成堯舜，"狗子有佛性"，未必狗狗都能成佛。孟子說性善，證據很多。但是他又說："食色性也。"食色既是性，那麼，"紾兄之臂，而奪之食，踰東家牆而摟其處子"。正是食色之性，正是性之一部分，那能說人之性善？我想要紾而奪，踰而摟，是性之惡種；知紾奪踰摟之非而不爲，是性之善種。人之善惡，看他擴充那一面。

人性之中，有善有惡；一人之性，又雜善惡。如何方能行善祛

三十一、《人生哲學》序

惡？我上月替中華書局同人進德會的《進德季刊》曾作一文，題目是："萬惡惰爲首，百善忍爲先"。

人有所不爲而後可以有爲。不惰才能有爲，能忍才能不爲。放下屠刀是能忍，成佛還要不惰。

人生問題是一個啞謎，從古以來沒有正確的解決。我們在這不解決之中，求相對的解決，孔與佛實有研究的價值。等而下之，即迷信的拜偶像，虛渺的登天堂，甚至想發財，想有後代，都可以解決他的人生問題。爲甚麼呢？人生最要緊的東西，是希望和目的；最痛苦的是絕望。有希望目的而不絕望，一定能忍能爲；無希望目的而絕望。他又爲甚麼去忍去爲呢？

我覺着現在最痛苦的人，是覺悟而不澈底、空想而無實力的一般青年男女。他們沒有正確的希望和目的，他們沒有能忍能爲的定力，更或因環境不好而悲觀，更或因物質迷惑而墮落，更或因習慣束縛——如結婚不自由、寡婦不再嫁之類——而生趣毫無。他們的人生觀，遠不如力耕的農夫和念佛的老太婆。

我想我們要解決人生觀：第一要有澈底的知識。新城此書，從科學上、哲學上討論人生之所以爲人生，正是我們求知的寶筏。第二要有能忍能爲的力量。我是冷水浴的實行者，我將我的見解經驗說說。

冷水浴的功效，生理上可以堅皮膚，活血行，強體力；精神上可以清楚頭腦，增加忍耐力，更能減少遺精和性慾的衝動。我在二十歲左右的時候，身弱多病，易疲易怒。十幾年來，天天冷水浴，身體漸強，氣質大變。從前作文一二小時就疲倦的，現在連續六七時還不覺疲倦；從前皮氣極壞，甚至和人拍案相罵的，現在橫逆之來，可以一笑置之。我對於運動靜坐，都不甚感興味，或作或輟，毫無成績。只有冷水浴成了習慣，愈久愈有興味。不但我的體質氣質變化，我的人生觀也大受影響。或者四十能不動心，也未可知。我覺着冷水浴是我的人生哲學，讀新城此書的人也願意習我的人生哲學嗎？我願作指導者。

三十二、書業商會二十週紀念冊序

我生卅八年了。和我相處最久的：第一，是我的父親，整整的三十八年。第二，是二弟仲忻。他比我小一歲，相處三十七年了。第三，是三弟叔辰。他比我小六歲，相處卅二年了。第四，是我的母親。於我三十歲上去世。第五就是書業商會。

我於民國前九年，開始在社會上辦事。過兩年，到上海，任昌明公司上海支店經理。那時書業商會正在發起籌備，我被推爲章程起草員。正式成立之後，我任評議員兼書記，又任職業補習夜校主任和圖書月報主任。自此以後，我和書業商會沒有分離過。光陰如箭，轉眼要做二十年紀念了。

此二十年中：世界之進步如何？國家之進步如何？社會之進步如何？教育之進步如何？學術思想之進步如何？不是我這一篇小序所能詳說的。書業在此二十年中，和天災鬭，和禍亂鬭，和物價鬭，和貨幣紊亂、交通不便……種種情形鬭，卻還有十倍的進步。假使各種障礙漸次減除，教育漸次發達，十年、二十年……之後，應該進步到如何程度呢！我們希望國家社會進步，不能不希望教育進步；我們希望教育進步，不能不希望書業進步。我書業雖然是較小的行業，但是與國家社會的關係，卻比任何行業大些。

我於此又起了懷舊的感情。當時同人中：如夏君粹芳，龔君子英等，先後去世；席君子佩、夏君頌萊、何君澄一、曾君孟樸等，先後脫離書業，人事變遷，眞沒有一定，再過十年、二十年……又不知怎麼樣？

我於此又起慚愧的意思。當時所辦的事業：夜校開了四年，後來因爲學生太少停辦。圖書月報只出三期，因爲各家擔任之稿不來，誤期又誤期，以致停刊。圖書總目錄因爲各家意見不一，編印未成。同行的不良分子和非同業而出版的人，常有害人誤人的書刊行，更或利用報章告白和通信法騙人金錢。本會研究多次，沒有方法取締。這更是我們覺着遺憾的。

我從十九歲起，投身書業，一直到現在，大概是我的終身事業了。那麼，書業商會也一定是我的終身伴侶了。再過五年我和書業商會可舉行銀婚典禮，再過三十年可舉行金婚典禮。哈哈！同業諸君！教育界諸君！……將來備些甚麼賀禮送我們倆呢？

一三，九，一

三十三、我爲甚麼獻身書業？

我十七歲到社會上做事，現在二十年了。除了辦過幾時教育事業和新聞記者外，差不多都是在書業任事，恐怕是我的終身職業了。

我爲甚麼要獻身書業？其中有兩個動機：第一次是我十九歲那一年，幾個同志因爲買書困難——一方是經濟困難，一方是購覓不易。——大家想開一家販賣書籍的店，一面營業一面有書可看。凑了一千五百元股本，在武昌橫街開辦，招牌叫"新學界"，做了一年，營業達一萬餘元，除了開銷還有些盈餘。那時開銷很省，房租十元，薪工約二十元。——我任經理，前半年月俸六元，後半年十元；賬房五元，夥計二人各三元；學徒二人，各二百文；火夫一人，一千文——火食約十元，燈火雜用連臨時費約二十元，每月開支共計約六十元。我爲甚麼不做了呢？一則那時年輕沒有忍耐性，一受委曲，就要鬧皮氣❶，就要丢紗帽。二則苦的了不得，店屋共二丈寬，四丈深；前面是店堂；後面分爲兩間；就是經理室和厨房；煤灰吸個飽；太陽晒出油——屋朝西；又沒有厠所；日間往隔壁客棧裹出恭，夜間上街厠，要走半里路。當時武昌的習慣，正月元宵前，店裹同事，照例大家回家玩耍，我一個人守店，一步也不能出門；有幾日火夫也不在，只好自己煮飯吃。我辭職後，改就漢口楚報的主筆，辦了三個月，因爲粤漢鐵路借款和張之洞衝突，就停辦了。

---

❶ "皮氣"，今作"脾氣"。——編者註

我到上海來，想往日本留學。其時昌明公司將本店移漢口，要請我任上海支店經理，我先不答應；後來研究書業的前途，覺着希望很大，我允許暫任一年。我那時有一篇書業前途之預測，刊在《圖書月報》。拿當時日本的狀況做比例，推算中國書業，每年應該有三萬萬元之營業。年少氣盛，野心勃勃，就決計獻身於書業了。後來我就沒有離書業，在文明書局幫辦編輯和事務，約兩年。在商務印書館辦出版部、交通部和教育雜誌、師範講義，約三年。民國元年到現在，一直在本局服務。中間民國六年的風潮，鬧得幾乎不了。原因很復雜，就我本身想起來，有三種缺點：第一，經濟缺乏，沒有應變的財力。第二，經驗不足，沒有預防的眼光和處變的方法。第三，能力不足，沒有指揮全局的手腕。後來辦大事業的人，對於這三端應該好好的研究研究！

我的長處，我也不必客氣，不妨說說。第一，專心。我有許多機會可以做別種商業和入政界，但我始終不爲所動。第二，忍耐。近十年來，無論怎麼樣我總忍耐得住。第三，不失本來面目。我從小到現在總不斷的看書，不闊綽。這三種雖沒有甚麼價值，但却也是辦事必須的條件。

三十四、我國書業之大概^{民國十年在吳淞中國公學演講，中國公學商學院學生筆記}

我國出版事業，發達最早。木版印刷，據說始於馮道；然決非馮道一人創始，大約隋唐間已有之矣。至宋益形進步，刻本既多，字體亦佳，今所謂宋版者是也。明代刻書亦盛，今世所謂版權者，實始於明代。蓋刻一善本，不許他人翻刻，故書上常有"翻刻必究"字樣。其與著作權不同者，則吾國素守述而不作之訓，又未知精神可爲權利，故只認物質權利之版權，而不認精神權利之著作權也。

印刷術由中國傳至歐洲，雖無確證可據；但我國爲世界印刷業之先進，則爲世界所公認而可斷言者也。然我國無論何事，發明雖早，進步甚遲，印刷術亦然。我國沿用木版，多至千餘年而無改革，反不若歐美等後起者進步之速。至歐美新印刷術輸入我國，在咸同年間先有教會設立之印書館及石印局；當時石印極發達，夷考其故，則以石印字小，便於考場攜帶也。二十年前，出版業漸形發達，彼時日本人在滬經營者，頗有勢力，其後漸衰。蓋一國之"文字""習慣"及"國民性"，均非外人所能了澈；故出版業亦非彼等所能經營也。我國大規模之出版印刷事業，殆只有商務、中華兩家，且均以學校教科書爲主，稍高深之書，殊不易銷，良著亦不多見，實可謂仍在幼稚時代。十餘年前，余曾以當時之日本爲例，推算我國書業；每年應有三萬萬之營業，然此猶昔日情形，今若以現在之日本爲比例，則應加一倍以上；若以美國爲例，營業數目之大，更令人驚駭莫名矣。美國有一種《家庭雜誌》，常銷三四百萬份；全年營業，約達二千萬元。我國最發達之報，日常銷數不過數萬份；即出版業所有之營業，亦不滿二千萬元。除商務印書館與中華書局外，其營業較大者，厥爲印舊小說及醫卜星相書之書肆。以《三國演義》一書論，每年銷數達三四十萬部。查此類書籍多銷之故，當因人民智識太淺；捨此等小說書外，他書不能閱耳。此刻欲補救此弊，厥有二途：（1）普及教育增加人民智識；（2）發行代替小說之科學或文學書，以便人民購閱，則社會一般人之程度，當可徐徐增高也。我國書業如此幼稚，而經營却極複雜。蓋歐美各國經營出版業者，恆不自辦印刷；營出版業或印刷業者分工復細，"鉛印""石印""照相""製版""彫刻"等，固各專其業，即出版者亦復科學、文學、宗教、教科、小說、美術等，各營其一二種也。我國則因社會上此種實業尚未發達，故凡關於書業一切之必需物，皆須自營，而出版業未大發達，無從分功。外人來參觀者，輒覺商務、中華兩家，博而不專，彼等殆未知我國情形也。

我國書業之組織，與歐美不同之點，尤不止此。譬如以分店論，查外國書業之分店，至多不過數處；若我國則不然，如商務書館中華書局兩家，分店各多至三四十處。其所以如此者，亦有二故：（1）貨幣不良，價值不定，而分銷處買賣不多；安能代受此種虧累。（2）交通不便，運輸爲艱，分銷處資本又小，不能有充分之預備，於是內地學校需要課本時，每感不便，此又不得不自設分銷。

至於我國書業之組織，規模小而資本微者，實無組織之可言。蓋資本小，則無詳細分工之可能；無分工，則組織簡單，不言而喻矣。商務、中華兩家之組織，大略相同，今且就敝局略述之：敝局係一股份有限公司，資本百六十萬，股東千餘人，以如許資本，有如許股東者，因其中無最大資本家也。敝局組織，係設"董事"九人，"監察"二人，一年一任。"經理"由"董事會"推舉，其辦事之組織，分總公司、總店、編輯、印刷四大部，其中又分若干部課（各部課名目情形，筆記從略）。

今鄙人已將我國書業，大約爲諸君約略一談；然我爲何從事書業，言其動機，大約有二：（1）我十九歲時，因感買書不便，遂自動的欲開書店，與友人集資千餘元，辦一書店於武昌。開設一年，營業達萬餘金，略有盈餘。後來因從事於此，則無暇讀書，又因不堪其苦，遂辭職，改就漢口《楚報》記者。（2）由鄂來滬，本欲東渡求學，適昌明公司移本店於漢口，要我任上海支店經理，屢辭不獲，又見書業大有可爲，一則"外國人"不能與我競争，蓋"外國人"言語不通，文字不習，實不能控制我國書業。而舊書商多無學識，吾人投身其間，不惟可改良書業，且易出人頭地。有此二點，鄙人遂勉就是職。後來又因自己自視太高，不能忍耐，小受委曲，卽欲捨去，原約一年爲限，屆時辭職，後在文明書局二年，商務印書館三年，民國元年任中華書局之事，迄今十一年矣。閱世漸深，少年時之意氣亦漸減。蓋當時不肯以第二等人自居，今則自知才力有限，勉強任重，時虞不勝，故就個人之覺悟與經驗，爲諸君一談立身處世之道。

我國少年學生，畢業後莫不自視很高，不屑瑣事。卽偶就一職，亦不能自安其位；甚且謂社會不良，懷才不售。問其所懷之才，竊恐未必適用。故余謂學生就職困難，社會固不能無過，然學生自己更不能無責，普通學生所缺之點，大約有六：（1）無根底學問；（2）無普通常識；（3）技能不適；（4）身體不好；（5）無商業道德；（6）不知勤儉儲蓄。（說明未筆記）有此六故，更益以驕傲之氣，暴躁之習，欲得社會之幫助，亦愛莫能助耳。以後諸君從事，總宜忍耐勤儉，不愁無資本；資本是由儲蓄得來。美國各大資本家，莫不出身微賤，不過資本非勞力不得；不勞而得之資本，如祖父遺產，吾人視之，實不值一錢也。望諸君勉之！

今日余蒙貴校長陳先生，及教務主任姚先生，約我來貴校演講中國書業情形。自惟學識淺陋，貴校係高專性質，淺近之言，恐無所貢獻於諸君。尚乞諸君原諒！

三十五、經濟之原素_{在南洋大學經濟學會講，南洋大學鐵路管理科學生筆記。}

經濟之最大原素有三！曰土地，曰資本，曰勞働。三者之中，勞働佔最重要之位置。蓋土地者，萬物寄存之所也；資本者，土地與勞働之合產品也。苟無勞働，則土地不能生產，資本亦無所用之。故勞働者，實造成世界之原動力也。

然勞働之結果，未必一定成功。蓋勞働可分三類：（1）勞而有效；（2）勞而無效；（3）勞而有害。今舉例以明之：商人經營貿易，歲有盈餘，勞而有效也。歲無進出，勞而無效也。不幸失敗，則勞而有害也。更如婦女之工作賺錢，可謂勞働有效。然梳頭裝飾，則雖係勞働而屬無效。至於賭博及逛遊戲場等，則爲有害之勞働矣。總之勞而有效，即有生產之謂。勞而無效，即不生產之謂，勞而有害，即消耗之謂。經濟學家所言生產即增加資本之意，消耗則反是，即減少資本也。古代無資本，惟有勞働，勞働所得，儲蓄一部份，漸漸變爲資本。例如森林伐木，深山鑿石，遠如捕魚，非集數天或數十天之糧食不可。所集糧食，即是資本，亦即彼等勞働所儲蓄也。今世資本以錢計算，然錢之爲物，非眞勞働之儲蓄也，徒以潮流所趨，自成定制。故處今之世，不得不注意於錢。獲錢即勞働有效，亦即經濟發展之表現也。雖然，勞心勞力，皆是勞働，欲求發展經濟，非勞力、勞心並進不可。茲將勞力、勞心兩種勞働分述之於下：

（1）利用筋骨之力，此即勞力之謂。今日之恃力而食者是也，此只可算最低之經濟原素。（2）利用藝術，此初步之勞心也。如古代戰爭：始則拳腳，繼則刀弓；今乃鎗砲。又以交通而論，往日則帆船、木車；今日陸則火車，水則汽船，空則飛艇，非勞心不足以臻此。是勞心較勞力之經濟能力所得者大也。（3）利用思慮。如發明、意匠、計畫、指揮等，皆進一步之勞心也。其所得結果，成敗利鈍，相差不可以道里計。諸君已受大學教育，日後必多從事於勞心運動，務須放出眼光，打定主意，切實預備。吾有甲乙二友：甲習機械，乙造玻璃。二人學問頗深，然甲因資本缺乏而失敗，乙因經驗不足而失敗。吾人欲辦大事，須一方歷練，使經驗豐富；一方高其人格，使資本家信用。否則，鮮有不失敗者也。茲將個人經驗得來之辦事基本條件，一爲供獻焉。

（1）健康。大凡作大事業之人，精神必甚飽滿，乃能耐勞。否則心有餘而力不足，殊覺可惜。故欲創大業，先須有一副銅筋鐵骨之體軀方可。西諺云："健康之精神，寓於健康之身體"，願共識之！

（2）道德。苟道德不高尚，必失他人之信仰心。中國實業不發達，此實一大原因也。即以絲茶棉三項而論，從前輸往外國，獲利頗豐。後來國人希圖目前利益，種種舞弊，至失外人信用，此所以勢將一蹶不振也。可不痛哉！反是則道德可以救濟困窮。某君開辦紗廠，不幸受世界潮流影響，虧失甚鉅，然各股東以某君道德高尚，不欲窮之，反加以援助，故欲講求經濟，先須講求道德。

（3）觀察力。複雜之事務，不同之人心，苟非有敏銳之觀察力，無從知其癥結所在，無從辨其人之智愚賢不肖，尚何成功之可望哉！即自己在道德上、事業上……應該如何，亦非具觀察力不可，故觀察力爲吾人作事最要之條件。

（4）計劃。凡事多考慮，處處向失敗方面設想，則事必多成功而少失敗。卽以開辦公司而論，如房屋、機器、材料、薪俸等，開銷以及銷路、盈餘等，必須作正確計算及寬舒之預備，始不至呼應不靈。我國大事業之失敗，大半由於計畫之欠周密。然計畫周密，談何容易，須有相當之學識經驗，再加以詳慎考慮，庶乎近之。

（5）決斷力。既有精明之眼光及正確之計劃矣，然更須有決斷力。蓋事無論常變，必有幾條路可走。我既認定一條路，卽當臨機立斷，否則徘徊猶疑，在我則無從下手，在人則無所適從，所謂歧路亡羊是也。

（6）忍耐。天下之事愈大者愈複，盤根錯節愈多。若不能忍耐，每有功虧一簣者。更一方面則小不忍而亂大謀，常有大事業或好朋友，因一時不慎而至僨事失和，此尤不能忍耐之過也。

以上六條件，爲作事業之基本。苟人能具有以上六基本條件，卽使未嘗學問，未有不成功者也。然而人之環境與志願，各有不同。故以上六種之鍛鍊，亦當各有所異。予對於鍛鍊心身，有三要訣，茲略述之：（1）多做事。暫時似無酬報，久乃有效。（2）隨處留心。蓋偶爾留心之事物，有時大可應用。（3）懶惰者須自奮，勤苦者須節勞。蓋作事不在多勞而在扼要也。總之有效率之勞働，於事業之進行與經濟之發展，有莫大之關係，且與國家經濟、個人經濟，成一正比例。蓋勞働多一分，經濟卽加一分；勞働少一分，經濟卽減一分。增加勞働，卽所以減少消耗，孔子曰："生財有大道：生之者衆，食之者寡，爲之者疾，用之者舒，則財恆足矣。"願吾輩共識之！

三十六、伯鴻函稿摘錄

我寫信向來不留稿，偶然在舊紙中，看見信稿數通，頗以爲奇。其中可資進德的材料，現在選刊數通，或許於大家有點益處。

（一）致林澤書函

貨不全，可設法使其全；機關不備，可設法使其備。惟其不全不備，事事布置，使其全備妥善，方足以見我之才。天下事何能處處布置全備妥善以待我，要我自己布置，使不全備者全備，不妥善者妥善，方爲盡職也。

（二）致某君函

我弱冠時，勇於任事。但人情世故，不甚明白，恒覺：我是而人非，我熱心而人懶惰。存之於心，現之於面，甚至因此與人詬爭。於是人人恨我怨我，詆我爲狂，更或思中傷我，其知我而諒我者，百不一覯也。吾彼時極覺痛苦，留心體察，知病源所在，從此稍加斂抑，與人相處，漸覺相得。蓋得道者多助，失道者寡助。多助之至，天下順之；寡助之至，親戚叛之。若無人助我，我雖有才，又安能以一手一足之烈，任天下之重。處下位尤難，若恃才傲物，衆叛親離，鮮有不受排擠者。如有才而不恃才任氣，處處自己孟晉，處處爲人留餘地，積久人自佩服而受我範圍矣。

（三）致某君書

接來書，以婚姻之事見詢，吾簡單奉答如下：

一，年齡。最好男長於女十歲左右（至少五六歲，至多十五六歲）。蓋男子三十而壯，女子二十而壯；男子六十方老，女子四十許已老矣。爲子女強健計，爲不納妾計，均應遲婚而男長於女。

二，學問。近來女子學問問題，幾爲結婚重要條件之一。其實天資是一事，學問又是一事。天資好者，雖曰未學，亦不要緊。蓋愚魯之人，不明道理，不能治事，更有遺傳之恐，自不宜與結婚。否則不必因學問生問題，娶妻非娶女博士也。

弟之年齡，尚未及壯，稍遲數年，俟自立有餘，再議室家，似較合宜。至於學問問題，殊不必過於重視。一則在女學未發達時，受教育者，能有幾人；二則條件交換，現在稍有學問之女子又豈願意與尋常人結婚，能得質美未學者亦未嘗不是好姻緣也。

（四）致某君書

吾業發展，希望極大；吾局又漸見起色。兄現在地位，非無可展長才之機會。尚乞放大目光，而謹小愼微。勿貪非分之財，勿迷不正之色，和氣之中帶剛強。以兄之才長年輕，他日造就，未可限量。蓋吾人之成就，在己不在人。自己要好，遲早必能成功；自己不要好，雖有機會，仍不免身敗名裂也。

致青年書

舒新城

第十四章

致讀者（代叙）

讀者諸君：

　　這本小册子是我立意獻給青年諸君的。我想本書的讀者，大概是青年罷！所以再趁此機會談談我對於青年所要談的話。

　　我在《致中學生書》說過："我是瘖痲追念青年而青年已棄我而去的一個人。"從這句話中，諸君最少當知道我現在已不是青年了。可是十幾年前，我也一樣地像諸君的年青，更一樣地被人稱爲青年。

　　時間的輪子一天一天地向前轉去，社會的文化，也跟着牠一天一天地向前推進。我青年的時代當然不及諸君現在的好，我青年時代的環境和生活恐怕也有許多不及諸君之處——我有一本自傳式的《我和敎育》，詳述我的三十餘年的生活——可是那青年的黃金時代，却無時不引起我深長的、甜蜜的回憶。

　　我常常自己問自己："青年的生活何以時時要喚起我的回憶？"我必不假思索地說："因爲牠太可愛了。"倘若你們再問我何以"可愛"？我便不能立刻答復，因爲這祇是我的"靈感"，沒有適當的語言可以表現牠。這靈感在諸君的現在，還不曾得到；能得到這種靈感的人們，恐怕又會要以"長者"自居而不肯向諸君說話。可是我愛青年，尤其愛我青年時代的生活；我雖然不能有適當的文字，將我這靈感一一表現出來，雖然不能將我青年時代的經歷一一告訴諸君，然而至少我可把常常回憶的資料，歸納作幾條抽象的東西寫出來，一面藉以作我和諸君精神上交通的媒介，一面發抒我個人久積的情感。

　　人生的隔膜，我以爲是事實上無可免除的；但是，在程度上却可以有很大的差異。就人類講，凡是文明程度越高的，機詐隨知識而發達，彼此相互間的隔膜也越大；就個人講，年齡越大的，社會上的經驗越多，對於人生的隔膜之感也跟着加大。這是人間的缺點，在個人雖然有例外，在人類的全體則無法補救。所以隔膜之苦是人生的共相："我"如此，"人"也如此。諸君現在雖或不如此，但有一日之必須如此，是可以斷定的。

　　諸君現在的生活，雖不曾完全埋沒在機詐的社會中，但現在社會上的種種事象，已有形無形地攙入你們的心影之中，而把你們兒時的天眞打破了。可是你們還有幾種未盡泯滅的特質，令人羨愛不已；牠們雖然不能把人生的隔膜完全消滅，但可以減去許多：這就是愉快的心緒、豪爽的氣槪、勇敢的精神。

　　這三種特質是人間的至寶，是文化的源泉；個人的生存社會的綿延，都賴牠們維繫。現在的諸君或者不知牠們之可貴，但是人間世驚天動地的大事情，不能動搖你們的樂天觀；出生入死的險問題，不能阻撓你們一往無前的眞精神；機詐萬端的惡社會，不能湮滅你們待人的赤忱。你們的世界是快樂的、率眞的、平和的，社會上一切的苦悶、險詐、困窮，縱能偶然侵及你們，也絕不會使你們如實地感着。這樣的行爲與態度，自然也是"成人"所能有，但絕不是長於利害計較心的"長者"所能一一辦到。在諸君，不必藉特殊的修養與訓練，祇要順着你們的天禀走去，就會踏上這些路道：這豈不是黃金不易的寶貴時代嗎？

　　我感着人生隔膜之苦，便常想到這人間的至寶，更常回憶到這

致讀者（代叙）

些至寶在我青年時代所開的花、所結的果。我現在自然極力要永續地保持這些至寶，但同時更望諸君能寶貴牠們，善用牠們！——這是我久積於心的夙感，平時不曾說過，在本册的各篇中也不曾說及的！

這册所收集的六封書信，是我於民國十五年至二十年所寫的，除去《致中學生書》一篇外，都曾發表過；附錄一篇，原載在我的《教育叢稿》第一集中，因爲所討論的問題全是關於青年的，而青年諸君又不一定需要購讀那書，故而轉錄於此。這些書信所討論的問題大概可以分作治學、治事、戀愛三類。前兩類，一般所謂學者尚有時說及，第三類也許爲着"尊嚴"的原故而少有人願說。在我，則很相信"飲食男女，人之大欲存焉"的話，而以治學、治事爲謀飲食的工具，戀愛爲解決男女問題的大道，所以一併說出。不過爲着時間的限制，關於各方面——尤其是戀愛——的意見還不能儘量如實地發表。時間許我，也許再能寫一部《人生論》或《戀愛論》與諸君相見！

各篇所說，是見解也是經驗。這些見解和經驗是後時代的，同時也許是先時代的；許是於諸君有益的，也許是無益，這全憑諸君各人自己的立脚點去判斷。我祇知道寫我所要寫的，說我所要說的；其他的一切，不但寫的時候不曾想到，現在也不曾顧到。不過我得申明的，這册各篇所說，都是些人生的枝節問題，並不是什麼社會改造、國家建設的根本大計。望諸君不要把枝葉當作根本；更望諸君永續地保持那三件至寶，而努力於人生隔膜的減除與根本大計的建立。青年雖棄我而去，我却很願爲青年作執鞭的衛士。諸君想不我遐棄罷歟。

舒新城，二十年二月十日，上海

致青年書
——討論幾件關於讀書的事

一，購書；二，閱書；三，閱報；四，作筆記。

希望負青年教育責任的人們乘便轉達你們日夕相處至可愛敬的青年！

青年朋友們：

我很愛敬你們，所以在這百忙之中寫這封信給你們。

我現在已是成人，雖然青年時代離我還不很遠，然而我現在總不能自稱爲青年。所以一面愛慕你們的年青，一面又追念自己年青時的苦寂生活，而有種種矛盾不安的情緒。若要細說起來，恐怕這《青年教育專號》的篇幅給大半於我，還是不很夠用。這自然不是《教育雜誌》記者所願意，也不是我現在的時間所能辦到，故只擇幾件關於讀書的小事和你們談談。

倘若你有機會而又願意看我這封信，我便假定你是要讀書的，所以青年應不應當讀書的問題我們不討論；而且，我所謂青年，是指十二歲以上、二十歲以下的"人"，無男女、無職業的區別。這對象自然很廣泛，然而"青年"的範圍確有這麼大，我，或者你們，也都不願意把牠縮小。所以我的話，在你看來，也許覺得很有趣或很隔膜的。

我只限定說幾件讀書的小事，故第一從"書"講起。

《辭源》下"書"的定義說："以文字記載事物曰書。"我們把這句話分析，便知"書"有兩種要素：一是文字，一是事物。文字是形式，事物是內容；形式自然要美，內容更加要豐。內容如何才得豐？形式如何才能美、才算美？這是文章論上的大問題，我們當然不能討究。不過我能說的，書中的豐富的內容是由於豐富的經驗，而優美的形式則由於作者"體驗的練習"。我們讀書無非爲貪點便宜，從他人的言論中"增加自己的經驗"而已。

讀書的目的雖然很簡單，但因爲自然界、人事界的事情太繁，我們決不能把所有的現象或者我們想要知道的事情，一一"親歷其境"，自不能不借助於他人的耳目，所以讀書便成爲必要了。不過"當今之世"，讀書實在是一個不很容易的問題。若果你眞歡喜讀書，無論如何，你總可以碰着兩個很平常而使你費去許多心思不易解決的問題。這兩問題簡單說來，就是：

（1）讀什麼書。

（2）怎樣讀書。

朋友！你果眞願意而又能看我這信，我想你最少亦曾在小學或中學讀過書，但我不知你是否曾被稱爲"好學生"。倘若你果眞爲你們的教師或長輩稱爲"好學生"，你大概對於讀書不會感大的困難：因爲要作"好學生"，在讀書方面講，各種功課都非弄到九十分以上不可；你的注意力旣集中於"分數"上，而且要天天機械般專心致志地讀預定的教科書，別的事情能擾亂你心思的機會自然很少。倘若你不是十分好的"好學生"，平日對於"古今中外"的故事歡喜留意，歡喜涉獵，那麼，我想你：

第一，要感着書太多，不知從那裏讀起；

第二，要感着書太貴，沒有這多錢去買。

在貧乏的中國出版界,每年出版的新書籍和歐美文明國比較起來,自然有限得很。然而要不加選擇地一一讀過,姑無論在個人時間上絕對辦不到;就能辦得到,也沒有這許多金錢去買;而況有許多書籍更不值得一讀,不值得費錢去買的呢!關於買書問題,我們自然希望圖書館代我們解決。不過在現在的中國,連學校教育都因軍事影響而成爲"告朔的餼羊",要完全靠圖書館代我們購書,眞是"俟河之清,人壽幾何"。有圖書館的地方,我們自然要儘量利用圖書館;若無圖書館或有圖書館而沒有我們所要讀的書,便不能不自求解決。解決較簡單而較經濟的方法,是集合少數朋友各人定購若干書籍,公開的循環閱讀。假若你能集合十人,每人平均每年費三元錢買書,再每月省去瓜子、花生、小吃費二角五分,十人便可購六十元的書籍;盡購"國貨",當可得日報一種、雜誌三四種、書籍一百本上下。雖然說不到怎樣豐富,然而能選擇得當,就把這些出版物細細讀過,大概總不至對於社會、國家、世界上的種種事情茫無所知。倘有圖書館可利用,那就所得更多了。

沒有錢買書固然是困難的問題,有了錢買什麼書也是當研究的。新書報的消息傳達到我們的腦中,大概不外兩種媒介:一,"廣告";二,"介紹"。照廣告去買書,自然是一種很簡便的辦法;但是廣告只說書的好處,而且不免有言過其實的地方,所以還是不大可靠。靠人介紹又未見得有許多機會;而且介紹者若是專家,則不能爲我們指示各方面的常識書;若不是專門研究的,又怕他的判斷靠不住,結果還是不大可靠。到底怎樣?據我的經驗有幾種方法大概可以採用:

(1) 親到書店去選擇;

(2) 請相信的人介紹;

（3）信賴著作者；

（4）信賴出版家。

平日留意報紙、雜誌的廣告，看有什麼新書報出版。若覺得這些新書報是於你研究的問題有關係，或者你歡喜讀牠，而出版家之發行處不遠，便親自到那裏去翻閱，看其內容如何。有些書店常把新書陳列在外面，你自然可以多費時間在那裏閱讀，有時竟可以一氣讀完而不購買；就是那些書店不把新書陳列在外面，你也可以向他們指名索那種書，在那裏多費一點時間閱讀。若果那書無永久保留的價值，或者於你沒有什麼需要，你便匆匆閱過一次而不必購買——若係重要書籍，當於閱後記其要點，俟將來需要參考時查閱或購買——若是必要，便破費購去。至於雜誌、報章是有時間性的，時間過後便不容易買到，如覺得這種出版物於自己所研究的學科有重大的關係，或對於自己的興趣極相合，便當設法定購。這種靠自己的辦法自然很便利，但有許多書籍的發行處並不近在眼前，不能親去選購，要由郵寄。我們不曾親見其內容，自然不能判斷其優點，更不能知道是否為我們所必需，這時我們可請曾經讀過某書或熟悉出版界情形的人介紹。他若讀過某書，他的意見自然是可以供參考；就是他不曾讀過某書而平日留心出版物，對於著作者之經驗、學識與出版家的信用很明瞭，其意見也可以備參考。若果你既與發行處所離得遠，又無相當的人指導，只好信賴著作者與出版家。例如你平日在報紙上讀過某人的文章，而覺得有價值，並且知道他專門研究某種科學的，他現在有某種書籍或報紙、雜誌發行，當有幾分可靠；又如某書店是專門刊行某類書籍，或平日的信用很著，他們出版的書籍與素無信用者相比，也較為可靠。但是專門信賴著作者與出版家也有"許多毛病"：第一，是得不着"初出茅廬"的好著作；

第二，著作者與出版家自己失信用，也就不得不隨之上當。不過這種辦法比漫無標準的亂購書總好得許多。

朋友！世界上沒有絕對有利無弊的原理，更沒有絕對有利無弊的方法，只看你怎樣運用罷了！

購書問題姑且就假定這樣解決，現在再說怎樣讀書。

"怎樣讀書"雖然只有四個字，但內容却很複雜，分析起來，大概可以分爲選書與閱讀的兩大類。

因爲已經出版的新書與正在出版的新書太多了，而且有許多書與你沒有什麼關係，你要以有限的時間讀需要的書，當然不能不詳加選擇。但是，朋友！我不是你的教師，恕我不能和你討論關於教科書的問題！我這裏所講的"選書"，是在教科書以外立言的，只是些教師們所認爲不重要的小問題。倘若你是學生，我自然很希望你留意及此，而且在可能的範圍照着去辦，不過因此發生什麼與你前途攸關的問題——如你看課外的書籍很多而發生你教師的知識太不長進而與爭辯以至於被斥、被革之類——我却不能負責任。朋友！請留心點罷！

其實我不替你把被視爲洪水猛獸的書目開上去，實際上不曾有怎樣的危險，我這裏不過講幾條空洞的原則，怎樣應用或不應用都是你自己的事，我的責任只是講述而已。

朋友！據我想來，我們要讀的書，大概可以"分爲三類"：(1) 修養；(2) 知識；(3) 娛樂。因爲我們不能個人獨立生存，一舉一動與社會發生關係，一切言動不能絕對容我們"任性而行"，所以便有修養問題。現在的出版物專門研究修養的書籍很少，專門論青年修養的更少。倘若你覺得你的生活、你的事業有修養之必要，你可以不時看看歷代與近世名人的傳記，或他們自己所作的省克錄。

這些名人之成功與他們之所以成爲名人，都有其特殊的禀性及特殊的境遇。那些禀性未必爲你所具備，也未見得你都能遇着他們所以成功的境遇，更未見得你處在他們的環境而能一樣成功；但是他們的特性總有許多可以供你參考而爲你成功之要素的！假若你的志向要革命，自然要多讀革命家的傳記與著作，但是文學家的傳記與著作你也當讀；因爲他旣成爲文學家，對於當時的社會曾經有深刻的描寫，足以供你參考；更許他具有很強的革命性，足以使你感奮。你立志要做別種人物，關於修養書籍的閱讀也當如此。所以修養書籍的範圍，並無一定的限制，而當隨時隨地取材。不過你還得注意：閱讀修養書籍的目的，不只是得着書中的知識而已，要把知識應用到行爲上，就是古人所謂"變化氣質"。氣質怎樣才能變化？全靠個人的反省。倘若你讀過孫文的傳記，而覺得他那種革命的精神可佩服，你便當自己想想有沒有他那種精神，能不能做他那種事業。革命自然是當作的事，但是你的個性是好靜不好動，好讀書不好作事的，你還是取他那百折不回的精神努力你冷靜的事業，不必因他的革命成功而勉強去學作他那種革命活動。倘若你的個性好活動、好作事，你也當盡量發展你的個性，不必因學者頭腦冷靜在學問有所成就而勉強去學作寒窗靜坐、手不停揮、目不停瞬的工夫。總之，修養的功能是取人以利己，不是屈己去從人；你要於讀過修養的書籍後而使行爲發生影響，務請你注意此點，不要湮滅你自己的個性。

　　智識的範圍很廣，粗淺講來，可以分爲"常識"與"專識"兩類；而"常識"又可分爲普通常識與業務常識兩種，"專識"也可分爲基本專識、業務專識。有些關於人生的基本知識，如生理衛生、公民義務之類，無論你預備就什麼職業，也不問你是男是女，都當知道。這種知識可以稱爲"普通常識"。有些知識，如教育制度、公司制度，爲教育者與商業家所當具的常識，文學家、藝術家却不必一定知道，這可以稱爲"業務常識"。又如習銀行者必須先學經濟學，習教育者必須先學心理學，經濟學與心理學自然是一種"專門學識"，但銀行家與教育家僅僅只知道此種科學，决不能對於銀行事務及教育事務勝任愉快，必得再習他們專業的學科如簿記、會計、保險或教育行政、學校行政、教育測驗之類。前者我們稱爲"基本專識"，後者稱爲"業務專識"。但是你又得留意，常識與專識，並無截然可分的界限，都是由比較而來的。譬如你是專門研究教育行政的人，教育心理是你的常識；你若專治教育心理，教育行政又爲你的常識了。智識的範圍既這樣廣，讀書也就不容易。你在學校自然要遵守學校的規則、教師的命令。讀過若干教科書，不過在青年期所讀的教科書都在常識的範圍以內，雖然分科分得很多，但實際上還說不到專識。而且在我想來，你自己也未見得一定知道將來要作什麼事，所以選擇書籍實在是一個很大的困難問題。這問題我當然也不能為你解決——因我不知道你的性情及你的學歷——但我也可以告訴你一點辦法，就是平日在讀書、做事的時候，反省自己個性近於那方面，或者按照職業自忖表（見《職業教育叢刊》第五種中，商務出版）自己審量一番，大概總可以發見你個性傾向的一部分，即照這傾向去閱讀關於常識的書籍。倘若你竟不能發見你自己個性的傾向，對於關於知識的出版物都抱"嘗試主義"去翻閱一下，也無不可。這種辦法自然要多費些不必費的時間，但廣博的嘗試有時竟能發生很大效用，故也不必過於愛惜時間。

人類為生存計，不能不工作。但終日埋頭工作，却非人所能忍受，一定要費一部分時間於睡眠及休息。所以工作八小時、睡眠八小時、休息八小時竟成為生活上的格言。睡眠與工作的意義，大家都知道，也不會有相左的意見；至各人對於休息的意見，便有點不一致，有些人以為靜坐不動是休息，有些人以為觀山玩水是休息。倘若把休息時間來做娛樂的事情，各人的見解相去更遠：賭博、嫖妓、下棋、打牌、聽戲、喝酒，都可以安上娛樂的名稱。不過，朋友！這樣的娛樂，實在沒有多少意味，因為我們費了許多時間與金錢所得的結果不過是些疲勞的瞬感而已，並沒有什麼東西耐我們回味。我們改良的方法就是把讀書當作娛樂的事情。但是你或者又要問，讀書是很正當的事，何以能當作娛樂呢？我說：讀書自然是正當的事，但也有特別的樂趣。倘若終日埋頭於讀勉強讀的教科書，雖然在作正當的事，不過終有幾分苦工的情態。若果你是學生，我請你把讀教科書當作教師教書、農人耕田、商人上櫃臺一樣，當作正式的工作；娛樂的讀書就是要在你正式的工作以後去幹，絕對不佔去你正式工作的時間。讀書而可以稱為娛樂，你或者覺得很稀奇，其實你若曾經做過正式的學生，你早經實行過。若果不信，請你自己回想當不得不上你所視為"面目可憎、語言無味"的教員的功課時，偷偷地拿着小說、詩歌、劇本、畫片在講堂上偷看的時候，是不是把看小説、詩歌、劇本、畫片當作最快樂的事，便會恍然大悟讀書也可視為娛樂的事情。所以我勸你以讀書為娛樂的方法，並非自我作古，實是行之很久而很普遍的辦法。而且我以為文學、藝術的欣賞，固然足以舒弛我們的緊張精神，調劑我們乾涸生活，而使我們精神感愉快；而由文學、藝術所表現的人生更真切，更足以使我們瞭解人生之真意義。所以我勸一切青年，不問你是男是女，將來預備以科學或革命為終身事業，却不可不受文學、藝術的陶醉，洗滌你終日勞碌的污濁靈魂，發展你固有的創造性，也就不可不每日乘餘暇時間讀點關於文藝的作品，舒展你被桎梏的精神。至於應該讀些什麼？我以為屬於文藝的作品，無論是小說、詩歌、戲劇、雕刻、繪畫，也無論新舊、不分古今，只要够得上藝術的（那些紅男綠女、敷陳事實的小說以及廣告、畫片等不能算作藝術品）都可以讀。朋友！這中間有無窮的樂趣，有無價的至寶，我望你不要隨便看過，應當時時留意才好！

以上這些是關於讀什麼的話，有了書以後要怎樣去讀，也是一個可研究的問題，還得略為討論。

因為書籍的性質不同，讀書的方法也便不能一致——譬如讀修養書籍重在"反省"，讀智識的書籍重在"系統研究"，讀文藝作品重在"欣賞"。假若你讀過修養書籍，便當澈底瞭解著者治事、治學的真精神，使彼此在人格上互相交通，而摘取其成功之得力點以為己用。所以你讀一書決不是專求他字裏行間之知識而已，尤在明白其文字之意義而後去身體力行。故此種書籍之數量不在多——多讀固然可以——有時竟可以讀一書或一書中之一段一節乃至於一句而終身受用不盡。倘若你讀關於智識的書籍，便不可不求其多，並且要求其有系統。要數量讀得多，只有時時速讀之一法；要有系統，則第一要注意"歷史的發展"，第二要注意"現時的傾向"。無論什麼科學，只要他成為正式的學科，或者未為一般人公認為正式的科學而實際上已有某種傾向，都有牠固有的歷史，絕非短時間所構成。倘若你不注意其發展的歷史及其派別，往往於同一名稱之下發現幾種不同的結論，乃至於所研究的對象亦不同（如心理學之行為派 behaviorism 與精神派 m. ntalism）而使你莫明其妙；若不明現在的趨勢，則往往摭拾陳言以為新奇（如形式論理學之於實驗論理學）。要明歷史的往績，只有讀各科的歷史著作；要明現代的傾向，只有比較閱讀同一科目之近人的著作。不過有些學術，其經過的歷史很短，尚不足以構成正式的歷史，或無人為之整理著成有系統之歷史，而其分派又很複雜（如最近中國文學界之派別），則全靠平日留心各種出版物而自為分類。所以系統的研究要縱橫並進，在時間上不可為一派的意見所蒙蔽，在空間上更不可為一人的主張所懾服。朋友！你若果是學校的學生，我便勸你於相信教師與教科書上的議論而外，隨時懷疑他們的主張，更隨時參考多種書籍，從多方面研究問題，切不可視教師為獨尊，視教科書為神聖。至於時時速讀的問題，遲一回再說。

　　看小說、戲劇等等文藝作品，有許多教師及父母是不大允許的，但其實他們並不能禁止你。因為你遇有機會可以在家中偏僻地方與老先生的講堂上或寢室裏偷看。不過那種看法不大好，一則你對於文藝沒有素養，偶然弄來偷看的書難免不有太壞的東西；二則那樣驚心吊膽的偷看，既然看得不舒服，並且與你的身體有妨害。所以關於閱讀文藝書籍的問題，我自然首先希望一切做教師及父母的明白文藝的功用而視為人類不可缺的精神的食料，指導一切青年們閱讀文藝作品。不過這希望，在目前很不容易完全實現，我只得請你於每日餘暇的時候，正式尋文藝作品閱讀。閱讀文藝作品雖然不必如教徒誦《聖經》那樣莊嚴，但也決不是"茶餘酒後"的無聊消遣，應當專心致志去讀，領略作者的"風度"，滲透作者的"心靈"深處，而與作者的感情"共鳴"。你若能夠這樣聚精會神去讀文藝作品，自然要得着許多愉快：煩悶時可以得安慰，苦痛時可以得快感，而快樂時更足以增加你快樂的程度。閱讀文藝作品，在調劑苦寂的生活，弛展緊張的精神，所以閱讀的數量並無一定的限制；日日讀新作品固然是很好，數年抱着一本你永不捨得東西數十遍以至於數百數千遍閱讀亦無不可。這又是文藝的性質與智識的典籍相異的地方。

現在的書籍太多，我們的時間有限，就是專門讀我們要讀的書籍，也恐時間不夠，於此我們可以注意兩件事，以增加我們工作的效率。這兩事，第一是愛惜時間、節省時間，第二是練習速讀。在現在交通日繁生活日逼的時間，雖然大家都有幾分忙碌，但交通不便地方如成都市民終日坐在茶館無事可做的人（詳見我的《蜀遊心影》，開明書店發行）也不在少數。你若果覺得每日的時間太多，我便勸你把無事可做的多餘時間來讀書。如果你覺得太忙，我便請你設法在忙中節省一點時間出來讀書。我雖然不知你忙到什麼程度，但我相信只要你切實把時間的用途整理一番，每日省出半小時以至一小時大概總不難。如果你是學生，試想你每日因為讀書時心神不定，時而想讀這書，時而想讀那書，東翻西翻，卒至一書不能讀，所白費的時間多少？每日與朋友作不必要的閒談，費去多少時間？為一點不急的小事而上街，又費多少時間？我再舉一個最小的例：一般人坐人力車，大概都要達到目的地，下車以後再向錢袋中慢慢拿錢開發車費，雖然所費的時間每次不過三五分鐘，但這三五分鐘是絕對可以省去的。試問坐在車中有什麼要事，不可預先將車費數清，以便下車時立即給與車夫？其他如為寫字而費專門磨墨的時間，為作文而費專門算字數的時間，為讀書不記筆記、於重查某事而費從頭至尾翻閱的時間，以及與此相類之浪費時間，若是精密統計起來，就是很忙的學生恐怕每日也可以省出一小時的時間來讀書。倘若你已經在社會上做事，而作的事又是比較獨立的，則你更有無謂的應酬時間可省；你若是新式商店中學徒或工廠小工徒，你也可以在規定的工作時間後讀書。若是你是舊式商店的學徒，我覺得很為你可憐，因為你的工作時間是從起床至落枕的，當然省不出許多時間來；但為你的前途計，我還勸於每日就寢前起床時省出幾分鐘的時間讀你所要讀而且當讀的書。這是愛惜時間、節省時間的話。

讀書的速度快，而又善於利用時間，當然能多讀許多，不過怎樣纔能快，快要快到什麼程度，却又是一個大可研究的問題，現在就我個人短淺的經驗說說。

我在很小的時候，就聽得老前輩說善讀書的人一目十行，當時却很懷疑；因為我那時一個一個字地讀還弄不清楚，何能說到十行。後來經過一個外國教師的訓練，雖然不能說一定作到一目十行，但相去也不很遠。你若要讀得快，第一請一字一字地默讀；一字一字地默讀雖然比一句一句地默讀來得慢，却比朗讀快得許多。因為朗讀要發音，發音器官要全部活動，費去時間很多；一字一字默讀雖然暗中也要發音，但發音器官不要實行，費時很少（約快五分之四）。一字一字默讀慣了，再練習短語默讀，逐漸及於短句、長句、小段、大段、小節、大節。到了大節默讀的時候，連暗中發音也取消了。只由視覺直接將文字中的意義印入腦中就是。每分鐘讀多少字纔算最快，中國沒有人去作詳細統計，英國的 Adams 是一位很著名的教授，他著一書名為《學生指南》（The Students Guide），說認識一位朋友，每分鐘能看 830 字，每兩小時可以讀完一部十萬字的小說；而愛爾蘭有位教授，每分鐘可看 4200 字，所以他每逢休假日，常要讀六本小說（見《學生指南》，p. 162）。英文雖然和中文不同，但平均起來，所費的時間不能少於中文（因為複音字的音官活動比單音字的多）。我們雖不能一定學到愛爾蘭那位教授一樣，但也當學到 Adams 先生那位朋友樣，每分鐘讀 830 字。其實這種速度並不難學到（我現在讀很普通的書報每分鐘可讀 900 字），只要留心去練習就是了。每分鐘讀若干字不只是把許多字一眼看完就算完事，是要於讀後能敍出其大意；所謂普通書籍是指日常報紙、雜誌之類的東西，並非讀極專門的高深書籍，這也是當留意的。倘若你讀書比別人快一倍，同一的時間你便可以多讀一倍的書，快兩倍便多讀兩倍書。所以有許多同班的朋友，在學校讀書三四年，同時畢業，兩人的程度竟可以相差數倍，就是為此。讀書讀得快，處處都佔便宜；途中的佈告，新聞紙上的消息，你都可以比別人多有些知識；而到書店翻閱樣本，你都可以擇要閱讀而省去許多購書費。所以速讀是要讀書的人所必不可不練習的。

至於書的好壞要看其內容如何，是不容易批評的，而且批評也未見得有一定的意見。不過有些很普通的條件也可以為批評一般書籍所通用。例如關於知識的書籍，系統與條理是"最緊要的"，倘若我們讀後而所得的印象井然有序（這與讀書方法也有關係，不完全是著作者的問題），而且覺得眞有許多原理與方法不是多數類似的書籍所同具，或為他書所具而說得極簡要明瞭，則此書大概不壞。又如文藝作品重在"情感"之刺激，倘若你讀完一書而於不知不覺之中受了作者的感染，感情上與之共鳴，則作者的藝術手段很高，此書亦有其特有的價值。至於修養書籍重在"實用"，倘若讀其書而覺得著者所講的都是本乎人情、易於實行，而且能引起你實行的希望，則此書亦有一讀之價值。這種判斷的標準自然極不完全，但亦可供你擇讀書籍的參考，所以我也寫出。

現在講閱報。

報紙是紀載當時社會、國家、世界各種消息的，在當日雖為零碎的消息，但日積月累，便成"系統的歷史"。雜誌之功用大略與報紙相等，不過偏於學理的研究，於"學術史"方面多有些供獻。但二者都與我們的生活有很大的關係，都非隨時留意不可。有許多被稱為"好學生"的青年，在學校中只知終日埋頭讀教科書，對於當日的時事與學術思想毫不留意。雖然因為教科書讀的很精熟而贏得一個"好學生"或畢業的等第很高，而實際生活上却吃虧不少。例如現在中國的黨爭極烈，倘若你平日不留心看報紙雜誌，對於各黨爭論的由來與立足點有相當的瞭解，一旦遇着一位很客氣的黨人，他有心要利用你，他說的話竟許和你的意思完全一樣，更許特別稱讚你，而在物質精神上都儘量給你的幫助，你不知其用意而對於他的主張隨便附和，或竟因礙於情面加入其團體，則你的自由很容易失去（既入黨應當服從黨律，在一定的範圍內，不能自由發表意見，更不能非難黨規），精神上也將很感苦痛。又如國內軍閥的火併，國外帝國主義的欺壓相逼而來，國事擾攘不堪，倘若你平日不留意報紙雜誌的消息，國亡了，你還不知道，或者反要"認賊作父"，那不是極可悲哀的事嗎！再退一步，將國事黨爭丟開不說，就專講"讀書"，若平日不留心閱報紙、雜誌，你何能知文學界、教育界的各種派別而不為一派的言論所蔽？我常勸我的青年朋友遇到很忙的時候，寧可把教科書丟下不必讀，而每日的報紙與每月的雜誌非看不可。因為教科書雖然也很重要，但今日不讀，明日還可再讀；報紙雜誌上的記載與論文，當時不讀，若非你訂有這些東西，便不容易再看見——即使自己訂得有，事後查閱也很費事；而況有些問題之發生是有一定次序的，一次不閱，下次再閱便接頭不着，甚至於那次不會過目的事竟是極重要的事。所以我對我的青年朋友常有這樣的勸告。這種意見有些先生或者認為不對，其實人是歷史的動物，往事固然當知道，今事更不可不知道。若果你只要做一個"古"人，知古不知今，自然沒有多大問題；若果要做一個"現代"的人，我望你知古更多知今。朋友！你是青年，我想你一定是不願作古人的——就是要做，也恐沒有方法辦得到——我還是請你時時刻刻留意講今事的報紙、雜誌。

朋友！你或者以爲現在的報紙雜誌這樣多，那能一一看到，這自然是值得討論的問題。不過閱讀報紙、雜誌與讀專門的書籍不同，不必把報紙雜誌中所有的文章一字一字的讀過，只要看其中有關係的重要文章，其餘只看題目就够了。而況同地報紙所載消息除了論說與特約通訊外，其他普通新聞大概是相同的，就是異地報紙的新聞也有許多是互相轉錄的，並不必一一閱過。至於雜誌上的論文雖然不同，但有許多大同小異或與個人生活與事業無關係之材料，也不必一定篇篇閱讀。所以每日費一小時閱數種報紙，每月費二三日閱十數種雜誌，並非難事。不過報紙、雜誌上言論都有其特殊的偏見，這種偏見，不論是屬於黨派的策略或個人的意見，就出版物本身講，都是必要的。一種出版物若無偏見，便根本不能存在。所以看任何報紙雜誌，不能責其偏頗；但因爲各出版物各有其偏見，於是同一問題，各記者之結論常至互相反對；同一事實，各報傳出之消息亦互相矛盾。這種矛盾與衝突的由來，固然有些是由於主撰者有意的淆惑，有些則由各人觀察點之差異而生的。讀者若不瞭解各出版物之歷史及其偏見之傾向，則常常對於一種消息或一種問題墮入五里霧中而失去其判斷。你若歡喜閱讀報紙雜誌而又要能保持獨立的判斷不爲各家的言論與消息所淆混，你應當明白各"出版物"的歷史及其"主持者"在政治或學術上之派別。譬如上海《民國日報》與《時事新報》《醒獅》與《嚮導》的議論乃至消息，常常彼此互相衝突，就是《民國日報》產生於"國民黨"，《時事新報》發軔於"共和黨"（現在脫嬗爲"研究系"），《醒獅》爲"國家主義派"的刊物，《嚮導》爲"共產派"的刊物；又如《小說月報》與

《創造》都是文學的刊物，但其作風完全不同，也是由於他們對於文學上之見解的差異而生的。又一種刊物常因時代關係而主張有變遷，你也得留意牠變遷的狀況，不可自始至終視為一成不變的東西。例如《新青年》以提倡文學革命風行一時，民十以後則漸轉為共產主義的出版物，倘若你仍把民國十二年的《新青年》看作民國九年以前的《新青年》，而舉其中之言論以為代表，則必不能表現其特性。朋友！這些問題都是很重要的，你要閱看雜誌報紙而保持你自己超然的判斷，不為任何一種言論所蒙蔽，應得注意這些問題。但我想你又要問，這些派別與歷史都不見之於教科書或其他整本的書籍，又有什麼方法能知道呢？據我的經驗，第一可靠的是自己對於現代歷史有相當的"常識"，第二隨時留意各種出版物之言論而"比較"其內容、分析其性質。閱讀的東西稍多，經過的時間稍久，你自然就會得一種系統的知識。——還有一種最簡便的方法，是隨時請教平日愛研究時代思潮的人而請其為系統的說明。不過現在忙於生活及不慣讀書的教師，就多數不能應此要求，其他專門留意時代思潮的人又不甚多而不易為你遇着，所以這方法只可備一格；真正的辦法，還在你自己努力。

報章、雜誌上的文章雖不必篇篇細讀，但又不可過於忽略而弄到讀如不讀。你要能免除讀如不讀的毛病，我勸你讀時留意問題的研究與時事的系統——這是我們讀報章、雜誌的重要目的。你要留意時事的系統，自然要注意社會、國家、世界大事變化的現象及其因果，而不時作時輟。若你要研究問題，則報章雜誌上極小的事情也可以為你的問題的資料而不隨便放過；再加你隨時摘編索引的目次，久而久之，不獨你的常識逐漸充足，某種問題發生，你的參考資料也源源不絕了。

已經講得很長了，我想你或者看得有點討厭了，但做筆記的方法在讀書中極為重要，所以還再簡單講講。

　　因為出版物太多，我們不能一一讀完，又因為每日閱讀的東西太多，也不能一一記得而於應用時完全從腦中再現出來，所以便不能不借助於筆記。"筆記"有三種很大的效用：一，備忘；二，練習作文；三，整理思想。青年固然要努力求知識，但也要隨時練習發表的技能。發表的方法，一為語言，二為文字。文字與語言的發表的力都從練習得來，倘若你在讀書閱報的時候，常常練習記筆記，最少亦可增加你文章發表的能力。而在聽講、閱書、閱報時每每覺得他人的意見很有價值，或者看得太多，覺得各著作者的意見互相矛盾，或自己所得的印象太廣漠無系統：倘若你不隨時筆記，有價值的意見或者於一見之後便如過眼雲煙，或者把他人的議論與自己在別處所得的印象永久弄不清楚。若果你隨時將見聞記下，分析條目，附加意見，你的思想自然要經過一番整理，將來需要參考時，也就一索即得，不至遺忘了。

　　筆記是研究學問（不專是讀書）最重要的工具，無論旅行、遊覽或治事、讀書都不可不以筆記本相隨。所以從筆記本的性質講來，又可分為雜記與讀書筆記兩種。雜記是專記一切見聞而自己認為有關係的事情的，讀書筆記——或用書本或用卡片均可——則專記他人用文字發表的意見。這兩種筆記本在應用上以分開為便但必要時却可以合用（如旅行時在舊書店看見一部重要著作，其中有很關重要的事情，但又不能立時購買，只得將其要點記着錄入雜記本之中）。至於筆記本的記錄方法、分類方法與保存方法，有許多與圖書館學相通，很可專門研究，你現在或者還不需要那樣詳細，所以我只擇要講講。

記筆記的方法大概可以"分爲三類"：一，記事；二，論事；三，編目。例如今天在某處看見或報紙、雜誌上記載一件很重要的事情或統計，而這報章、雜誌又不爲自己所有也不值得去購買，或無處購買，則當摘要或將記載的全文錄入筆記中，以便將來參考。這種記載最重要的是事實的本身，次爲事實的因果。事實的本身應錄全文，因果則摘引他人的言論或自己編述均可（若係自己所有的報紙，則可記其時間、報名而剪下貼於特備的書册中。雜誌便收存，却不必剪破，以編目爲是）。又如某種新聞或言論，你看過了有許多意見要發表，不論是辯駁或贊成，但必得有確切的根據。你有時間，自然可以做司馬光作《資治通鑑》或王船山作《讀通鑑論》那種辦法作成長篇的論文；倘若無時間，便將要發表的重要意見用條目記錄出來也可。這種筆記最能練習你的發表技能，整理你的思想，自然有很大的益處，不過要費很多的時間。你若是學生，自然多有時間幹這事；若係學徒或店員，你只得擇暇爲之，不必事事這樣幹。至於編目，在研究學問上，是一種很重要的工作；而在現在的中國，尤其重要。因爲中國近來各種出版物極無系統，數量與歐美文明國及日本比，自然相差很遠；但要一人把某類有關係之出版物一一讀過而記得，是絕對不可能的事。而中國著作者對於索引素不注意，個人的單行本固無索引附於其後，全國的出版物更無人收集統計、分類編目備入參考，所以在中國學術，任何問題都要多費許多時間乃至費去許多時間而完全無結果。因而許多所謂教授、學者、留學生之流，著書論事都拿着外國材料作根據，這種現象實足以表現我國人之無研究心，非改進不可。我們自然希望有人能作利人的事，每年有幾種論文索引發刊。不過在沒有這種出版物以前，以及你要專門研究一種問題而從報章雜誌搜集材料時，却不可不自己編目。

編目的方法很簡單，只要把新聞或論說或書本的題目及著作的來源（即見於何時何地何種出版物）及其內容概略敍述出來就行了，而最重要者在於分類（方法下述）。若分類不得宜，記載多了，查考費時極多，甚至於完全查不出，則記與不記等，實是白費精力。

　　無論是記事、論事、編目的筆記，都有兩種必不可不守的"公共條件"：一精確；二敏速。精確就是記載任何事件，都當詳記其出處；凡著作者姓名、出版物名稱、出版地方、時間以及出版物中之卷數冊數頁數當一一籤注（為節省時間計，可自編若干簡碼替代全名稱，如商務印書館出版品用商字代，中華書局用中字代之類）：一，便查考、易於翻閱；二，免引述以訛傳訛。敏速是無論何時，遇着要記錄的事情都當立即記下來，而且閱看各種出版物要全部過眼（大體的）；報章雜誌上之廣告與書籍中之序文，尤當留意。研究一種問題，要多方探究，因為人事匆卒，有許多事情若當時不看清楚或看清楚而不立即記下來，時過境遷，竟至永久找不着，在學問上實是一種大損失。所以你要作筆記，對於事實的記載，應存"稍縱卽逝"的觀念而有立即捉住的習慣。

　　記載筆記時，只以事情發見之次序為先後，雖很便利，但記得太多而不分類，查考極為困難。所以分類的重要與記筆記相等。分類的方法很多，有在筆記本上分類的，現在通用的字母片筆記本就屬此類。這種方法雖很便利，但英文不精的人，用來還是不方便。中文係單音字，排列起來太多，當然不適用。比較可用的要算以事為綱的辦法，即將個人平常注意的問題分爲若干類，每類按其性質予以適當的地位。例如你是銀行的行員，平日很注意於物價指數、匯兌漲落、國內貿易狀況、國外貿易狀況、公債價格種種問題，將牠們各立一類，以其有關係的事情配入其中（或剪貼於書册之上），而將不能歸類者，另列附錄或雜項一欄，以便隨時記載各種事項。此方法在讀書記中用之很便利；雜記雖可用，但因爲要記的事情無預定的目的，很難預定類目，故不易應用。倘若用分類法，大類之下應當分小節。小節與大類的分析，可採用杜威圖書館的十分法（decimal sysytem），用數目字繫列之。（詳細方法可參閱蔡瑩編的《圖書館簡說》，中華出版，價一角五分）而將總目列於筆記本之前面，以示此册屬於某類之某幾節；再依筆畫次序、科目次序、出版物次序、出版公司次序編成子目，列爲索引，附於册後，或另訂一册。這種辦法在編輯時雖然費時很多但編成以後可以隨時應用，省去查考的時間不只什伯倍於編目的時間，實是最經濟的。所以這種時間與精力決不可省去。

　　筆記或剪貼之書册太多，保存也很得注意。這些方法，大概可以借用圖書館的圖書保存原理的。若平日的記事紙爲單頁，便當裝訂成册；若係册子，便當分類裝訂；然後編列號碼，置之案頭或藏書之所，以便隨時翻閱。無論是常用、非常用之物，每年都當移放烈日中曝晒二三次。還有一事當注意者，貼報的漿糊不可用米麥類而宜用樹膠（桃樹膠爲鄉間常有之物，可聚集應用，不必購買外國貨），因前者易招鼠囓而後者可免。貼報的書册，可用不用的雜誌，每三頁撕去二頁，留一頁貼兩面便可平放。

　　朋友！我原來只預備很簡單的說幾句，那曉得提起筆來，寫不完的話便泉湧而至，竟費去我三日的整時間寫成這篇。我想你或者覺得太多而看得生厭，但在我却還有許多要說的話未曾說盡，將來有機會，還得和你談談作筆記與求學（讀書只是求學之一部分，千萬不要把讀書看得與求學相等）的種種問題。我這些話自然有許多是廢話，但我的態度却是很誠摯的。我所以要和你這樣瑣碎的談論，實在因爲我當青年時對於讀書方面費了許多白氣力而沒得什麼結果，我現在非常懊悔我那時把光陰白費得太多，所以把我在近十年來在學術上瞎摸的道路中所得的一點經驗恭而敬之、明明白白呈献於你。你若早已知道這些，或者所用的讀書方法還好過這些（我信這是平常的事），你讀完這封信也不過白費半小時的時間（最多如此；我相信決不會有其他的壞影響）。倘若你也感着與我青年時相同的困難（白費氣力而無結果），我還請你讀過後照着試試看，而且望你把試後所得的結果告訴我。

　　朋友！費去你的功夫太多了。請了請了，敬祝你讀書進步！並候你新年快樂！

你的朋友舒新城，十五年一月一日

致中學生書
——關於求學治事的幾個小問題

最可愛敬的中學生：

這是一封很隨便的平常信，請你們也用很隨便的平常態度去看——不可當作教師的訓詞，更不可當作要人的名論。

讀此信的青年，也許和我有相識的，但是我想不相識的總是多數，所以先在此略述我的經歷，以免唐突。

我是寤寐追念青年而青年已棄我而去的一個人；我服務社會已經十三年，有八九年的時間常與中等學生相處。近四五年來，雖然不像從前做教師般的日夕生活於青年的羣中，但因職務上的種種關係，與青年接觸的機會還是很多。這封信就是我這十餘年來所積下的零感，於青年諸君或許也不無裨益。

不過我還得申明：這裏所說都是些偶然的零感，既非某一種主義的說明，更非某一種學說的倡導；而且所講的大半是屬於日常的瑣事，更許有與所謂"潮流"不合的。所以我希望有機會讀此信的讀者，只在課暇業餘的時候，隨便將個人的生活拿來印證，千萬不可當作大問題去想。

現在先說求學的小問題。

照現在世界的趨勢，大學教育的普及，也可在不久的將來實現；諸君是中學生，當然在預備教育的一段過程中，無所謂生活問題，更無所謂尊貴。可是在百分之八十不會識字的中國，你們不可謂非"得天獨厚"。第一，別的國家——如美國——每五十八個中有一個中學生，中國則差不多四千人中始有一個中學生——據中華教育改進社十二年的統計——你們每個都是四千人中被選之特出人才；第二，中國自前清末年改行新教育制度而後，一切的教育與教育的一切，都趨向於資本主義化，到現在，內地所謂中人之產以至於多子的中學教師的子女尚無方受中等教育，而諸君復有相當資產的父母，能供給你們進中學，實也是一種幸運。所以你們雖是中學生，但是你們在社會上的地位之高，與責任之大，確非別國的中學生可比。

你們在社會上高貴的地位、重大的責任，全靠中學校的教育作基礎。基礎打的好，百尺樓頭進一步，也是很容易的事；基礎倘若不固，就是平屋也會因風雨的侵蝕而頹敗，則你們在中學受教育的時代，實是一個於社會前途最重要的關鍵。

你們父母把你們送進學校以為一切的責任都由學校負擔去了，在學校的一切，他們可以不必關心，你們自己也以為有學校代管一切而可以不負責任了。但是自從教育成為專業而後，尤其資本主義化而後，學校與學生的關係都是商業化。你們納足學費，學校照例出售智識，在所謂教育家的口上，也常常掛着完備教育的話語，可是實際上，現在學校的結果最大多數只能作到出售智識的地方。而且出售的智識都是整批的、呆板的，不問現在社會的真正需要，更不問你們個人的真正需要。所以要靠中學校的教育來達到你們應負的使命，雖然不敢說全等於零，但所得亦僅矣！

舉例來說罷！你們大多數是從小農社會的農村來的，農村所需要的體力怎樣？所需要的德性怎樣？所需要的智識怎樣？都市的學校是按照都市的乃至於外國的生活習慣去辦理，對於你們真正的需要大概是無暇注意或無從注意。即如體育，農村所需要的是農夫身手，然而你們所得的訓練是錦標運動；在智識方面，農村所需要的是人生常識，但你們在功課上費時最多的是不容易用得着外的國語；在德性方面，農村所需要的是儉樸生活，而你們所薰染的是浮華習氣。就是都市學校種種的辦法，在形式上似係都市的產物了，然而細考其內容，仍是與中國的都市需要不相應。試看中國商界最通用的為珠算，而你們費了許多精神於代數、幾何、三角各方面，竟有不能算清開門七件日常賬目的。至於其他各種學科，其所得結果，也大概相去不遠的。

批售智識本是現在學校的主要機能，其結果尚且如此；要擴而充之至於作人治事的各方面，自然更難有滿意的成績。所以，在我看你們對於學校，只能看作購備工具的地方，這些工具的利用，全在你們自己。這就是說：你們所習的國文、英文、算術等等固然是些工具，就是公民等等實踐科學，因注重文字與少人負指導實踐之責的原故，也成為文字的工具。倘能認定此點，第一可使你們對於在學校所得的成績不至失望，第二可使你們知道於求得工具之外，還有利用工具的責任。

本此原則，你們在學校除了教科書的研習與教師的教授而外，應當把所得的工具切實向實在的人生方面去活動。譬如說：你們學了許多國文與英文，儘可利用牠們去閱覽教科以外的種種書籍，學了一些算學儘可利用之以計算關於日常生活上的事情，學了一些公民，儘可應用到行為上去實驗其效果。至於課外應當讀些什麼書，書應當要怎樣讀，四年前我曾在《教育雜誌》上發表一篇《致青年》書，主要意見大概都載在其中，你們可以查閱，或者早已看過。為省篇幅計，這裏不再贅述。現在所要說的，只是關於養成讀書習慣的幾句話。

人類的生活差不多全爲習慣所支配，我們若有一種良好的讀書習慣，可以一世受用不盡。因爲現在的社會，一切的事業都逐漸資本化，高等教育已成資本家子弟的專利品；號稱中產階級的子弟，乃至於無力受中等教育。今日的諸君固然是很幸運，但是在這種干戈擾攘的時候，國家的時勢、個人的能力是否容許你們個個受畢中等教育；即使能够，是否有再入高等學校的能力與機會，都是很大很大的疑問。然而現在的社會無論就何種職業，要想能發展，對於個人生活要想有長進，都非有日新月異的智識不可。倘使你沒有讀書的習慣，種種擺在你面前的新智識無由獲得。經過若干年之後，世界上的一切都已換過一套，你的智識與思想仍舊與若干年前一樣，那時你對於新的時代，固然感覺不安，而真的新的時代也將棄你而去，使你生活不了。這一點你們現在當然無從經驗着，但是你過細將現在所謂落伍的人的經過稍微分析一下，便可證明我這話不是無的放矢的。

你們想要隨着時代前進，便要當着那時代還未到來的時候，努力作追求的準備，這就是切實養成讀書的習慣。

讀書的習慣並不難養成，只要每日在功課之餘，規定一部分時間拿來閱覽課外的書報，把一日工夫規定某時候看報，某時候看雜誌，某時候讀性之所近的課外書籍，便會因強迫而順應，由順應而習慣。經過若干時候，倘若某日將平時預定下的閱覽事情沒有做，你便會如失去一件很要緊的東西一樣，立刻感覺不安。倘若你能把這種習慣永久保持下去，則每日比別人多讀書一小時，一年有三百六十五小時，足抵學校的三個月的功課。在學校一年，你比別人可多讀三分之一的書；出學校以後，仍舊如在學校一樣可以繼續前進。

雖然你所閱覽的未見得如學校課程的系統、井然，但在應用上，有時反比中學校所得的智識好。世界上許多大學問家、大事業家生平並不曾受過何種學校教育而能出類拔萃、獨樹一幟者，大概都是由個人努力而來。倘若你能將讀書的範圍擴大，把自然界人事界的一切現象當作教科書，而時時以精銳的眼光、忠實的態度去觀察牠、研究牠，就是在中學不能修業完畢，也可以對於社會乃至對於科學有特殊的貢獻。所以我以為在這無法使高等教育普及於一般人民的時代，與其希望以政治力謀補救中等教育普及，還不如希望中等學生對於學業養成自求進步的習慣。

諸君在現在固然可稱幸運兒，然而要想到前途的荊棘，更應當想到披靡荊棘的方法。倘若你注意及此，請你先注意你養成讀書的習慣。

現在再略談關於治事的問題。

諸君現在當然都是"喫爺飯，穿娘衣"的少年，對於生活，對於職業，對於事業，當然還不曾感着什麼困難，甚至於還不曾想到這些問題。但是將畢業而無力升學或未畢業而無力續學的諸君，也許在最近的將來就要遇着你們平日所認為不直得注意的問題。我曾經為這些問題煩擾過多少年，而且看見無數的青年正在被這些問題煩擾得無辦法。在我，以為這問題也與求學有同樣的重要，所以也同樣地提出說說。

世界最可尊貴的人是他能自食其力。所以我以為無論你現在家境怎樣，離開學校，必得設法自食其力，不可依人作寄生蟲。在現在的社會，青年失業已成全世界的問題。以日本人口那樣少，國內產業那樣發達，大學生失業者尚屬數萬；我國的產業落後，內亂且繼續了十餘年，加以現在的教育與社會的需要不相應，青年失業自是題中應有之義。可是在另一方面，社會上有許多從事各種職業或有志於創立各種事業的人，也每有感着"事浮於人"之概。這其間的原因自然很複雜，但也有一部分是屬於青年本身上面的。姑就我平日所感到的略爲一談。

不務實際，差不多成爲我國民族上一種通病，而現代青年尤甚。青年本是富於想像的，其進取有爲的精神也便由此而來。不過想像終是想像，要牠成爲事實，必得用最大的努力從實際上着手才能有濟。現代的教育家少有明白這其中的原理，不注意於利用青年的豐富想像從實際上去發展，而放任其向空想方面走，於是青年在思想方面流於荒誕，行爲方面流於浪漫，遂致爲事業家所深畏。這種現象的責任自然不當盡由青年諸君去擔負，但青年能夠知道這其中的種種情形而負擔一部分，也未始非社會之福。

世界上的事情想起來很容易，作起來卻常有許多困難。尤其是自負社會改造家的青年，因爲改造社會不如建造道路、橋樑之必須具有機械般的技能，便以爲社會上的一切都可憑個人的想像自由改造，誰知實際上所遇到的問題決不如此簡單。記得七八年前工人運動正在萌芽時期，一般青年多熱心於提倡勞資對立，遇有兩方爭議，每竭力贊助工人而尤歡喜替他們主持罷工的事情。有一次上海的首飾業發生勞資爭執，熱心工運的青年鼓動工人罷工。結果，罷工成功，資方置之不理。經過十餘日之後，工人不能支持了，指導者計無可出，乃領導工人毆打店主，雖然有幾家店門被毀，但仍然照原來的待遇復工。自此而後，工人對於這般指導者的信仰，也逐漸減去，他們也就無法指導了。其實首飾業的製作都是些奢侈品，他們的雇主不過那些有閒有錢的太太小姐們，根本上與社會秩序、人生需要無何種重大關係；而且業主的成本都是些硬貨，無論擱若干時日也不會有損壞，其所損失的不過一些由營業而得的子金而已。罷工既不能使資方受重大而不可補救的損失，又不能影響到社會秩序、國民生計；資方不理，社會一般人不注意，目是題中應有之義。凡是稍具經濟學常識者，都是看得出，而自負指導工運、自負改造社會的青年，竟見不及此，祇知道盲目地鼓動罷工，實在是把社會看得太輕，把自己看得太高了！

要作某種事業，自然要有關於某種事業的智識；但是有了某種智識，未見得便有某種事業可作。第一是由於社會上某種事業太少，第二是由機會不湊巧。倘使生活上不生問題的人，自然可以坐等某種適當的事業來臨；若經濟不裕，負擔太重，就是不是性之所近的職務，也不得不去幹。在這種情形之下，最易令青年不滿，而發生一種對於職務不負責任和輕蔑的心思，以爲我之爲此，不過暫局，根本上本不需此，故遇事可以隨便。實則這種態度，是杜絕職業的窮途，最不適宜於青年。因適當職業之獲得，一面要有智識與技能上之不斷修養，一面要有責任心，幹練才的訓練。倘使你對於現在不甚適當的職業視爲無足輕重而隨便敷衍：第一，這種不良的習慣養成之後，就是獲得適當的職業，也將因習慣的不良而不能久於其事；第二，你這種敷衍、不負責任的習慣，被別人知道而後，就有適當的事情，別人也不敢請教你，終於是自己受損失。所以我以爲在勞動分配不能如天秤般均勻以前，爲謀社會的安寧、個人的發展計，無論對於什麼事情，不幹則已，要幹便當切實負責。倘若你所盡的義務與你所享的權利不相稱，儘可以光明磊落的態度，明白提出要求；要求不遂，卽使他去或與當局爲正當之對壘，亦未嘗不可。倘若對於不滿的事像，不敢以光明的態度出之，而只是暗中敷衍，實是於人無利，於己有損，對社會對個人均有害無利。而且自然界的一切現象，人事界的一切經驗，祇要善爲利用，無處不可獲得益處。假使你是一位學機械的學生，而暫時所作的事情是替出口商家打字，在表面上所學與所用，可謂風馬牛不相及了，但是你若能忠於其事，你打字的技能自然要增進許多，對於中國出口貨的情形也可以明瞭許多，根據這種情形，也許可以作你將來從事機械的南針。不過要注意的：若果自問某種事業非素志所在而視爲暫時的生活職業，倘若有堅忍的毅力繼續不斷地努力下去，就是若干時屈於生活的職業，也許有朝一日你的技能精了，學識富了，自然會出頭的。所以暫時屈就不甚適當的職業不足慮，可慮的乃是自己的自暴自棄。

一種事業之成功，絕非短時間所能有濟。事業越大者，所需的能力與毅力也越大。現在的青年每每只看得已成的事業的現狀而追慕其經營者之享用，殊不知某種事業的成功，其締造的艱難，發展的窒礙，有非身歷其境者所能盡知。發明電燈的安迪生，現在的享用，現在的聾譽，自然是够令人羨慕，可是他五十年前從事於電燈發明的苦工，又豈是常人所能忍受。在現在的社會上，常聞待遇不平之聲，這自然有許多是中國的畸形社會與不良政治所構成的事實；然而有些恐怕也是"祇求收穫，不事耕耘"的青年所發的無病之呻罷！

我國自海通而後，外受列强的侵略，內受內亂的影響，社會秩序一天一天地破壞，人民生計也一天一天地困難。我們處在這種窮苦的時代，對於生活能力力求發展，對於生活上的享用力求儉約，尚不足以保障個人安全，增加國家富力。倘若以中國的社會生活標準，而消費則求與歐美人士相等，結果除去流爲盜賊與自殺而外，實少他種可靠的出路。就我個人接觸所及，青年受經濟壓迫的呼聲，幾於無處不遇着。但是細考其原因，除去社會貧困的原因而外，還有許多是自己製造的。自己何以要在這貧困的處境中再製造些貧困的種子,這不僅是青年的責任,而大部分的責任應當由中國的經濟思想與現在的教育家擔負。這問題要詳細討論,值得寫成幾本書冊,姑且最簡單的說幾句。

　　中國歷史上是以農立國,所以經濟的觀念重在自給,對於企業心素不發達;而社會的倫理觀又以家族制度爲根本,要維家族主義於不墮,遂不得不於仰事俯畜而外,極力分其財力於家族、親戚、朋友。所以一方面賤視工商,不鼓勵人民從事生產的企業,他方面又重分財,使有生產能力者多負不必負擔之經濟供給。倘有人於個人乃至於小家庭生活之外,經濟上有相當剩餘,不把牠拿來周濟親族,而用到生產事業上去,社會便會予以"爲富不仁"之譏,使之爲有識者所不取。這種分財的經濟思想,對於中國社會的影響如何,這裏姑不具論。惟現社會上的個人貧困,大部分係由此種思想所造成,則爲很顯明的事實。這就是說:"分財"思想演嬗爲社會經濟行爲而後,一般人的潛意識中,都有"共財"的觀念,而有倚賴於人的心理。所以中國社會上的銀錢界限素不清楚;有錢者以多養食客爲豪,無錢者亦不以寄人籬下爲可恥——所謂讀書人不事家人生產,就是這種思想的具體的表現。自海禁大開而後,農業社會的經濟組織雖然沒有什麼很大的變動,但社會生活則爲外國的經濟侵略所影響而標準日高。加以內亂頻仍,國內生產在外國侵略與軍閥摧殘的兩重壓迫之下,不能發展。有相當技能的人,尚不能以其技能換取其生活上所必需的工資,而一般初由農業社會出來的青年,本着"共財"與"依賴"的傳統觀念,對於個人生活,毫不預算,對於個人前途,毫不計較;惟於有錢時儘量揮霍以求快意,無錢時則四處挪借而使同輩的生活發生影響。挪借不遂,初則怨天尤人,繼則強者求於不正當的行爲中以求不正當之利得；意志簿弱者，每多流於自殺。這種情形，十餘年來我所親見親聞爲數極多。這其間的大部分責任，自然應由傳統的社會經濟思想去負擔，但現在的教育家對於這點未看清楚，不能予學生以正確的指導；同時他們對於自身的生活及工業社會的經濟，亦以農業社會的態度去應付之，遂致消費程度常超出生產能力之上，而使青年學生習而化之：他們也不能辭其責任。在現在的時代之下，我們當然不要歸眞返樸，回轉到原人時代的生活，但至少也應當認定我們現在所處的地位與對於社會所應負的責任，而不必因一時的快意致犧牲未來的一切。再簡單說：我們的享用，應當以生產能力爲標準，奢不可，吝亦不可。倘若生產能力尚未養成的青年，更應當念父母的血汗之資，得來不易；社會的物力維艱，應當愛惜，萬不可效所謂"名士"的態度盡情亂用。

我以爲人生是常受習慣支配的；倘若當青年的時代養成一種對於金錢有預算，對於生活有計劃，對於物力有愛惜的習慣，將來的受用可無窮盡。第一，你可以不受不必要的經濟壓迫與無謂的多費心機；第二，你可以不因經濟壓迫而作違心的事情（近來有許多青年其思想上明明反對某人某事，但爲生計所迫竟不能不作其最所灰心的事，與服從最所反對的人），有了相當的事業，不致舉棋不定；第三，你可以在安舒的生活中竭力進行你所要作的事業而使社會受惠無窮；第四，就是機遇不好而不能得稱心如意的事或賺稱心如意的錢，也因爲平日的生活超出你的生產能力之上，而同時又有一種事業或學問爲精神寄託之所，也不至於走入岐途或流於消極。可敬愛而有爲的青年！對於這一點我希望你們也加一點注意。

以上所說，本是些最平常而爲處於現社會"不得不"的零感，平時也常常與許多青年談及，可是因爲職務上的忙碌與遷居上的就擱，竟於去年八月答應《中學生》的編者，而至今始能無條理地寫出來，而且所寫的不及我要說的十分之一二。真是有負本刊的編者與讀者。將來有機會時，也許再能與讀者通訊通訊，不過照已往的經驗，現在尚不敢許願，還得請編者與讀者原諒。

舒新城，十九年五月三日

致青年教育家

最可愛敬的青年教育家：

在這革命空氣瀰漫中國的時代，你們不追隨革命的賢哲之後，從事政治生涯、社會活動，以求滿足物質慾望，建立煊赫功業，而獨潛心於饑不可食、寒不可衣的教育研究，或兢兢於清高其名、卑賤其實的教育事業；你們的成功雖不可期，你們的志願卻著實可欽。所以我不避冒昧，於預備改途的百忙之中，而作這一篇書信。

我曾藉教育之名生活十餘年；在某個時期，並曾蒙社會錫以某某教育專家的稱號，而效當代的偉人口不停講、腳不停步地奔走四方；即在目前，也不時有識與不識者千里致書、踵門叩教地詢問研究教育、從事教育之道。我於教育雖然不是識途的老馬，然而十餘年的生活，卻也有許多可以供諸君參考的地方。只可惜《教育雜誌》的篇幅有限，不能容我們細敘衷曲。只得就我數年來縈繞在腦中的思慮以及許多愛我的青年所提出的問題，簡單述之。

當這革命空氣瀰漫中國的時代，青年占至高無上的地位，是一切事業的根本；你們不他求而獨獻身於教育，我想一定有重大的理由的。我非你們，當然不能盡明白你們理由的所在；然而從我過去的經驗與現在的接觸中也可以推知大半。好在這是無關國計民生的私人書函，推算有誤，也無妨害，姑且讓我猜猜罷！

我想你們現在正從事或將來預備從事教育的最重的理由，大概以爲教育是清高的、神聖的事業罷！不錯，"教育是清高的、神聖的事業"，是社會上一般人所常道的，就是政府將教育費挪作別用，積欠教職員薪俸至三十個月以上，遇着教職員哀請發薪以維生計的時候，那些聰明的官長也以這句話爲安慰教職員的唯一法寶。自高官以至百姓，都說教育是清高的、神聖的事業，無怪乎後進的你們，也跟他們的清高神聖而清高神聖之。可是你們要知道，這句話到底是怎樣解釋的？其效用如何？

　　清高與污濁，神聖與卑賤，是對待的名詞。說教育是清高、神聖的人，雖然不曾下一個全稱斷定，說教育以外的事業都是污濁卑賤的，但至少總認定教育是社會一切事業的雞羣之鶴，足以壓倒一切。他們的意思大概以爲教育是立國之本，國家是神聖，國本當然更神聖；而從事神聖事業的教育家，縱然降一級不以神聖自居，總不可以不自稱清高以保持尊嚴。至於其他的一切社會事業，雖然也有其存在的價值，但都非根本的，當然不能與國本攸關的事業受同樣的尊號了。這當是他們清高神聖教育事業的第一個重大理由。

　　其次，他們從事實上立論，說教育是指導人的活動，教師是人的模範，不若政治之替人民作事，實業之替社會創業，而有同黨競爭、同行嫉妒的污濁行爲、卑賤勾當。教育界旣無污濁卑賤的事情，當然可以清高而神聖之。

　　這些理由，驟然看來，似乎是正大的，所以許多自命爲教育專家的以此倡，而無數的有爲的青年也以此應。但是，過細考察一番，便會發見牠們的謬誤，而根本不能成立。

　　在現在的世界，國家是否神聖，我們且不必細論；假定牠是神聖，教育事業是否也因着牠的神聖而神聖之，教育是否也因着牠的清高而清高之。從事教育的人爲保持他們的尊嚴起見，自然要說教育是有關國本的神聖事業。但是紅鎗會的首領、耶穌教的牧師，也說他們的供奉眞神、服事上帝都是保國福民的根本要務，若是沒有他們，好像人心不古、國將立亡。在他們看來，世界上的事業沒有比他們的更重要的，當然可以稱作神聖。而且在中世紀，教育確曾作過宗教的奴隸幾世紀；就是現在的中國，信敬神爲神聖的人，恐怕比信教育爲神聖人還要多若干，教育又安得獨霸一切？

你們或者說，這是主觀的神聖觀，不可以拿來衡客觀的教育事業。這話當然不錯。但從客觀方面說，教育在人生、在國家的地位，也不過如其他各種社會事業，與農工商等相當；教師也不過等於廚子、糞夫而已，更找不出什麼高貴的原素在那裏。我說這話，自命神聖的教育專家聽得，或者要怒髮冲冠地不高興；你們讀此，也會要說聲"豈有此理"。但事實如此，怒也無用。只要平心靜氣地想一番便會知道。"許子若不憚煩"，我還可以畧舉一些證據。

講教育是有關國本事業的人，無非是說教育以灌輸知識、培養德性爲目的，人民的知識高了，德性好了，國家便會因之而強。人的知識與德性是否是現在的所謂教育能灌輸能培養，我們姑且不談；卽使能之，也並不是什麼根本事業。因爲世界上的一切，都是從人生出發的，人若不能"維持"其生命，無所謂知識與德性，更根本說不到灌輸與培養，所以世界最根本的事情是吃飯，能解決吃飯問題第一是農業，第二是工業，第三是商業。倘若中國先沒有這三種人，教育家除了實行神仙的絕食、野人的裸體而外，連生命都不能保持，更何有於神聖與清高！再就實際的需要講，現在的社會固然需要現在的教育，但是現在教育所製造出來的雙料少爺，大概四體不勤，五穀不分，倘若沒有廚子替他們燒飯，糞夫替他們挑糞，就是有農工商人替他們作了種種的事情，還是生活不了。以廚子、糞夫與教師並列，教育家或者以爲有瀆尊嚴，實則現在的學生們，離開教師，有廚子與糞夫還可以生活下去；倘若僅有教師而無廚子與糞夫，恐怕大家都會無辦法。

再就事實上講：教育界果眞比其他各界清高嗎？果眞無鑽營奔競的事實嗎？你們卽使不能親身經歷過，至少也當在報紙上看見過傾軋排擠的紀事。倘若你們在學校曾經過幾次風潮，作教師曾碰過幾次釘子，便知道教育界的鑽營奔競、傾軋排擠的種種污濁行爲、卑賤勾當，並不亞於其他各界，也不弱於大衆所深思痛絕的政治界，甚至於足資他人傚效，則所謂神聖清高者又在那裏？

因此我勸你們千萬不要如迷信上帝和眞神的人們迷信教育家的狂言。你們如在人生的許多活動之中，而歡喜幹教育事業，只可把教育當作平淡無奇的東西而效廚子、糞夫們的各盡所能、努力幹去就行了。不必幻想着什麼神聖、清高的安琪兒，而自高其身價；更不必不自儕於百工之列，講些什麼"衹問工作不問收穫"的傻話，等他人把你們勞力所應得的報酬騙去，而猶效四五年前北京某校校長某先生說教育是清高的事業、應當枵腹從公的讕言。

你們神聖與清高的夢，也許因我這番話叫醒來。可是，我想，你們還有一個大夢，就是從"教育是立國之本"一語中推演出的又一個意義，說教育是改造社會的唯一工具。這種意義，自然是由來已久。"教育萬能"，現在雖然不盡爲人所信，但在教育史上確曾有牠的地位。就是政治家、軍事家也常常將他們苦心經營所獲得的政績，槍林彈雨中所得的戰功，都要加到教育上去。日本的伊藤博文首相、德國的毛奇將軍，是大家所知道的好例。教育家爲求精神的安慰，旣然效阿Q精神勝利法的方法屢唱教育萬能，而政治家軍事家又從而和之，無怪世界上成千成萬的青年志士懷抱着改造國家社會的宏願，都投向教育的旗幟之下，以求實現理想的天國。雖然也有若干志士，以追求不遂而灰心、而短氣，然而大都是自怨自艾，恨自己的力量不夠，總不聞有"教育叛徒"直接懷疑教育的本身。我對於教育不過是藉其名生活十餘年而已，無"藝術叛徒"對於藝術那般精深的修養，不敢自稱"叛徒"，但對牠的功用，卻也不時以直覺估量估量。所得的結論，或許可以供你們參考，也未可知！

　　在教育是神聖清高的概念中，教育家已經假定牠是超越其他各種社會事業的；在教育是改造國家社會的唯一工具的概念中，又假定牠是能支配其他各種事業的。這第二種假定，在"五四"以前，教育家大概不會發生疑問。"五四"而後，為着經費問題，而有教育獨立之說，已漸覺得社會上的他種活動如經濟政治之類足以牽動教育，但猶不認教育是受政治經濟的支配的，故倡教育獨立。實則社會上各種事業的關係，徹底追究起來，本是"鷄生蛋、蛋生鷄"的循環問題，永久不能得着一個最痛快的解決。可是從大體說來，總有點先後的次序。把教育和人生可有可無的宗教比，牠們可以兩不相涉，也可以彼此互相支配；但把教育和政治及經濟比，牠便根本是附屬品。教育家自然希望教育獨立，而且希望其他的一切都得受牠的支配，可是在事實上，教育是內政之一部，要牠離政治而獨立，理論上固然不通，卽在實際上又何曾有絲毫效果。中國、俄國、意大利的黨政府且不說，試問世界上也有君主專制國而行德謨克拉西的教育政策，共和國而有以尊君為教育宗旨的嗎？教育的設施都要根據國家政治的變遷而變遷，教育家的十年經營，當不着行政上的一紙命令，所謂改造社會國家的力量在那裏！在經濟方面，教育更是牠的奴隸，牠對於教育也有生殺予奪之權。別的且不講，何以廓美紐斯、勞沙爾的班級教學先後倡了百餘年而無人問，一到英國工業革命後，蘭凱斯德一倡便風行世界？何以日本維新與中國變政同時採用西洋教育制度，而日本以強，中國至今還在迷津裏面兜圈子？倘若我們把廓美紐斯、勞沙爾、蘭凱斯德時代和中國與日本的社會經濟制度過細分析一下，便會知道教育所以有如此如彼原因，便會知道經濟對於教育的勢力之大。教育在一切社會活動中，也是劇場中不可缺的一個腳色；若硬派牠以鼓手的威權，要牠支配全場面的活動，卻未免把牠看得太重。

　　自然賦與人類的生活機能太壞：墜地而後，不能如雞鴨等可以自尋食物，而有賴於父母的養育；又因為人類太聰明，把原始的社會一代一代的造成現在這樣花團錦簇的世界，後生小子要在社會上生存，更不能不仰仗前輩的指教。人類受着這兩種原因的限制，不能不要教育。教育便成為一件與人類共終始、誰也不能否認的事實。不過這種事實，原是本着本來需要自然而然發展的，初無所謂教育家，更無所謂教育科學。後生小子在生活上有問題時，與老前輩共同生活，模做他們的辦法去辦就是了，用不着專司教育的人，更用不着什麼教育的科學或科學的教育。自從有些闊人仗着他們的權力與財力，威迫或僱傭他人教育自己的兒女，而自己則騰出時間來作別樣的事情，於是有所謂教師。教師的目的既在以教書為職業，自然要迎合雇主的心理，而創造出許多的學理，牢籠主雇，如牧師之藉上帝之名以牢籠教徒的一般。於是所謂"師者人之模範""一日為師，終身為父"的格言產生出來了，尊長的架子擺出來了，賞罰的威權也拿出來了。於是教師是永久站在嚴父的方面作威作福，而同時又藉教導後生的名義領薪俸。於是所謂教育家的生活便永遠墮入虛偽地獄中，而以種種的假面具示人了。

　　你們是青年，青年的血是沸騰的，青年的心是赤灼的。你們未經塵世的波折，對於宇宙間的一切，都拿着你們赤心沸血的心情去推算；你們不從事於他種職業的預備或逕從事他種職業，而毅然從事於教育，對於教育自然有大欲存焉。可是，在我看來，所謂藉教育以改造社會的宏願固然難於實現，而清高神聖的理想也只好托諸夢幻而已。在現在的社會，凡可稱爲職業者，無清高與污濁、神聖與卑賤之分。教育就勉強算作一種職業罷，也無所獨異於他業之處，當然不能效牧師的口吻說藉上帝之名討生活是替天行道，當然無所謂清高與神聖。若是就實際上說，從事教育的人都如朱熹老夫子所描寫孔聖人一般，三揖三讓地在那裏避賢路，鞠躬盡瘁地在那裏盡職務，恐怕就把往右以至當代的所謂大教育家者一一起而質之；他們也只好以莞爾而笑曰："迂哉小子！"以表示其師道之尊嚴而已。

你們還是青年，我不忍把教育界種種鑽營奔競的事實告訴你們，致停止你們血的沸騰，消滅你們的心的赤灼。但是，就你們最純潔的經驗中，也可以推證到教師所過的生活是人生最虛偽的生活。這種虛偽的生活，不是某人如此，或某地如此，而是從事於教育職業所不得不如此。

你們是青年，當知道感情是生命的原動力，感情的奔放是推進生命的發動機。然而你們更要知道，教師的生命中是最乏這種原素的。教師也是人，他們當然不是生來便無感情的，只因他們要圖雇主的歡心，要保持他們職業的安全，不能不潑息了生命之煙，而另換一付假面具對人。他們所以要換面具的原因，就是要求符合"師者人之模範也"的那句格言。

"師者人之模範也"這句話確有勢力。小學校的孩子們，他們潔白的心中什麼東西都沒有染着，便受了這句話的暗示——是由於社會暗示他們的——而尊崇他們的教師如天神一般。教師，在小孩子們看來，無異全知全能的上帝；教師所講的話，他們都奉爲金科玉律。而教師們爲欲維持其尊嚴與實踐爲人模範的格言計，也不惜常常假造許多的論證欺騙天眞的孩子們，而掩飾他們的無知。中學生年齡漸大，知識漸多，對於教師的言行，不盡視若天神了，但教師之爲人模範的觀念仍然如故，知道學生不大易受欺騙，則以去而遠之爲法門；大學教授之與大學學生，更如孔二先生之見鬼神，去之唯恐不遠矣。

爲着要實踐"師者人之模範也"的格言，教師們不得不以假面具示人，不得不過虛僞的生活，更不得不窒息感情。

人心之不同各如其面，人情之不同亦各如其面。一人處於眾人之中，在感情方面自然有厚有薄，然而教師對於學生決不能分厚薄：張生死了，得送一副挽聯，李生死了，也得送一副挽聯；倘若有所厚薄，在教師固然失其尊嚴，在學生乃至於在社會都嘖有煩言。

教師的生活中不能有感情，所以他們的言行都是此庸人之言、庸德之行；他們不敢破壞風俗習慣，尤不敢不服從風俗習慣。倘若社會是多妻制，他便不能不多討幾個老婆以爲後生倡；社會是資本主義，他更不能不創出許多合理的論證以供資本家採用。

教師的生活沒有感情，所以他們除了循規蹈矩地生活下去以外，不能有什麼大創造，更不能有什麼大破壞。你們不信，試把中國以至世界的教育史翻閱翻閱，看看眞正的教育家也曾在思想上、學術上、行爲上有革命的事蹟嗎？再舉一個近例：《新女性》譯載柯倫泰的《三代的戀愛》的文章，徵求答案，也曾有所謂教育家有答案嗎？他們的內心也未嘗無生命之火在那裏燃燒，只爲着罣礙一切，不肯讓牠燎原罷了。所以教育家是虛僞的，不革命的；然而也不是反革命的：他們只是隨波逐流的庸人。所以我勸有特殊創造能力的不必一定要從事教育，幻想清高神聖生活的不必一定要作教師，要想改革社會國家的不必一定要學教育。教育是庸碌的事業，教師是庸人幹的。

看《教育雜誌》的青年們，看得我這封信上所說的，或者要發生反感，或者要自怨自艾，不該從事教育。發生反感且待反感出來再說，至於因此而悔不該從事教育則亦大可不必。雖在我看來，教育只是一個實際的活動，牠的本身，並無好多可學的；要從事教育，只要把牠與有關係的科學學好，再實際參與一些工作就行了。但是，若果你們曾費了時間在所謂教育科學上，將來從事教育自然可以用得着，即不從事教育，也可以當作常識應用到別的方面去。你們或者也知道文學家的張資平罷，他的小說常題着地質學上的名詞，也足以證明他在日本所攻的專科與他有益，何況你們現在還不能決定將來是否也還過庸人的生活呢？

你們是青年，你們有沸騰的血、赤灼的心。我望你們能繼續着沸騰、炙熱，但同時也望你們將平日對於教育的幻夢打破一點，而切切實實認定現在的教育只是廣泛的職業之一種，教師只是庸人的傭工之一種，無所謂清高與神聖，更不能獨立改造社會國家。你們自審是庸人，願過虛偽的平常生活，從事教育也無妨；若自問是天才，想建立不世之勳，我勸你們努力從應走的路上走去！不要再在這中庸之道的十字街上徘徊踟躕！

　　　　你們不相識的朋友舒城鞠躬，十七年十二月末日自杭州寄

考試與文憑
——致中學生的一對公開信

中學生諸君：

我現在要和諸君討論的是一個現成的題目。這題目見於《生活週報》第五卷第三十二期及四十七期到五十一期。諸君之中想有許多已經是看見過的。可是今日我還要再提出與諸君討論：第一是因為我的見解和他們有些不同，第二是這問題與諸君的關係特別重要。

《生活週報》討論這問題的原因，是教育部在去年有一個命令，不許在未立案私立高中及無高中畢業文憑的人投考大學，遂致發生許多假文憑。持有這些假文憑或未立案私立中學文憑的人，雖經考取入學多時，但是查出之後，也得取消學籍。社會人士很有抱不平的，乃不約而同有許多人在《生活週報》發表意見。當這問題最初提出來的時候，我便注意到，且有一些意見，但因為職務的忙繁，始終未曾用文字發表。可是去年在南京中央大學教育學院講演時，曾略為提及，並以此為原因之一而專力於寫成《我和教育》的一本書。最近夏丏尊先生向我索文債，且指定這個題目要我說話。我只得從忙碌之中抽點時間來寫這篇。

未入正文以前，還得向諸君申明兩事：第一，我素來不重視學校文憑，我的學校文憑也從來未有人重視過。這就是說：我從前辦學校和現在主持中華書局編輯所，在引用同事方面，從來不曾以文憑有無、高低爲去留的標準，而我自己服務社會十四年，也從來不曾以文憑爲進身之階。所以我對於現在的學校文憑，常看作可有可無的東西。今日於諸君所談的當然不會出乎我平常的見解之外的。第二，我對於現在的教育制度，尤其是中國的現行學校制度，非常懷疑。我從前以至現在都主張厲行考試制去革改中國的教育、普及中國教育，現在和諸君所討論的不過是我對於教育的根本見解之一部分，並非專對此問題的偶然感想，更非專對某項意見的一種辯難。

以下"言歸正傳"。

《生活週報》上所說的只是諸君升學時與文憑有關係的一部分，這是由於他們立言的動機，是爲着教育部的一個命令。我則以爲文憑問題與諸君之關係很大：除了升學而外，還有求學與就業的兩問題。而且這兩問題，在我看來，比第一問題還重要許多。

照現在教育部的規定，沒有高中畢業文憑的人，不能投攷大學，就是假造一張文憑攷取了，查出之後，也得將已得的學籍取消。這裏顯示一個最大的矛盾，就是攷試與文憑不能兩立。這就是說：文憑若果可以代表學行，則大學入學便只要驗文憑就夠了；若嫌投考的人過多，儘可立定標準，專收高中畢業前幾名的學生。然而現在一定要舉行考試，則明明對於文憑所代表的東西——不論是知識、是品性、是德行——發生疑問，而要藉考試以甄別之。這樣，對於考試似認爲可靠了，可是事實上經過考試而且已經入學若干時日，只因爲無文憑之故，又得把由考試所得的結果取消。這種論理學的新奇，當然不是我們局外人所能懂；而事實上真正受其賜的，就是你們中學生。

僅就大學入學講，文憑對於你們並沒有什麼大不了的問題：因爲你們之中的最大部分、有錢能畢業中學，當然可以得到文憑。所不能得到文憑的，大概可分爲兩類：第一類是現在在初中畢業，或在高中讀過一二年，而無力繼續讀畢高中三年的；第二類是從前在舊制四年中學畢業，而無力繼續入大學的。你們這兩類人所處的境地自然不同，但是大概都可列入貧苦青年的總類裏面。你們過細想想：現在的大學是不是需要比中學更多的費用？第一類的人在中學尚不能繼續讀畢，第二類的在從前尚不能繼續進大學，難道你們的家庭或自己的經濟會忽然充裕起來，能供給你們進大學的費用嗎？你們經濟的命運，終於不能讓你們在大學畢業。也許沒有高中畢業文憑不能改進大學反是幸事：因爲現在的大學除了所謂養成士大夫的風度，教給半生不熟的若干名詞，和提高生活程度而外，所能給予你們實用方面的知識與技能，實在有限得很。與其在大學讀書幾學期之後，失業而爲高等游民，多累社會，不如作中等游民、少累社會之爲愈。所以我以爲在升學方面，文憑之對於你們，並不是一個頂重大的問題。

　　諸君要知道，無論有無高中畢業文憑，在現在經濟制度之下，能升大學的總是少數之少數，但職業則爲人人生存上所不可少，職業預備更是在有機會求學的時代所不可不注意。現在教育部規定大學非有高中畢業文憑者不能應考，政治化的某種職業，也非持有高中畢業文憑者不准就——現在有些職業機關的薪金及職務之支配，就有這樣規定的。如此，則諸君力能在中學畢業的，對於求學的方針，當然以得文憑爲目的。爲文憑而讀書的動機好不好且不管，只怕一心專注於文憑之取得，對於文憑上所不要的眞實技能、社會知識，都將棄而不顧，畢業之後跑到社會上會如無柁的船，不知要飄泊到什麼地方。同時若果你無力在中學畢業，則這張文憑便會先天地將你一生的發展斷喪。世界上不合理的事情，固無甚於此者，而社會上所受的損失，也無所底止。所以大家很起勁討論這問題，絕不是一個偶談，實是有關國計民生的一個大問題；而最有關係的你們更當注意。

我是非常懷疑現教育制度的——對於中國的現行學校制度，尤其懷疑：別人以為文憑不能代表真實的學行，我則以為就使牠真能代表，牠所代表的東西是否合於社會、合於人生的需要還是一大問題。而在事實上，則同等的學校，甲校的程度和乙校相差很遠，而同校的甲班與乙班也是如此；就是同年級同科目的程度也因教師能力與學生天禀之不同而有很大的差異。由於個性差異所生之差別，我們還可以歸得起類來，而在中國漫無標準的教育行政之下，對於學校教師及學生各方面無詳密考察所生的差異實無法比量。這不是一個理論或一種偏見，凡屬從事社會事業而有相當"用人之權"的，都能舉出實例來作證明。所以我對於現在學校的文憑絕不把牠當作一種量度人之學行的標尺，總是以實際的工作為試驗的資料。同時我還覺得現在中國的學校制度，是間接直接從西洋工業革命而後的教育制度中模倣而來的，於中國的農村社會經濟不相應。所以照着西洋整批生產（Mass produotion）的方法，辦了三十多年的新教育，結果還只能替都市製造多數游民，於中國的社會經濟之改進，並無何種益處。你們在中學校所習的種種科目，在工業社會中也可以說是一些人生的、國民的基本知識，但在中國則未見得如斯。譬如中國以農立國是人人所常說的，可是中學校除了農業分科而外，有什麼關於農業改進的科目！就是商科，中國內地完全是硬幣時代，而學校所教的東西都是是滙兌、銀行、票券資料，無怪乎商店不要商科學生，而情願用學徒。講到這裏，我們更可提出重視文憑者的理由來加以分析了！

重視文憑的人大概就是現在學校制度的謳歌者，也大概可以說是經濟的優勢者。因為他們感不着經濟的壓迫，看不見"學校重地，窮人免入"的事實，便以為入校讀書是青年應盡的義務，文憑就是他們盡了義務後所得的權利，其當重視自然是沒有疑問的。可是事實上，現在的學校絕不是無恒產的人所能進的，然而絕不能說無恒產的人不該有知識。國家縱不能廣備大廈千萬、盡收天下寒士、給以學校教育，他們在社會上、家庭中自己從辛苦中所求得的知識，也不承認，不使他們與學校畢業生受同等待遇，未免太無道理！

此外還有重視學校文憑的學者，以為現在的社會複雜，文化更複雜，種種學業不能如閉關時代之可以寒窗自修——尤其是自然科學與合羣習慣——非以學校為教授之地不可。這對於文憑的重視自然是一個理由，然而不是唯一的理由。這就是說：學校有許多人，人與人之間的接觸，自然較寒窗苦學者之機會為多；然而從實際社會服務所得的人間經驗和人事關係是否也可以算作團體生活的訓練！又如從實際生活與自然接觸之各種關於自然界的種種知識，是否也放在"全無是處"或"全無用處"之列！我也知科學系統的研究，要學者指導，然而科學知識之獲得，却以環境的刺激為主，而不盡在紙上的空論。姑不論現在都市化的中學校，其設備不是以供科學常識的試驗之用，就從標本上知道幾個如"十字花科""單子葉植物"的名詞，或從實驗室中知道幾種如"絕緣體"或"光波"的現象，可是在農村中看見蕓薹不知牠的子可以榨油，看見椶櫚不知道牠底葉可以做繩；或遇着家庭的電燈有毛病，非請電燈工人來無法醫治，看見肥皂泡散在水面而呈異彩的油而視為神奇，諸如此類的事實，可以說是現在中學畢業生中最普遍的現象。這樣地在學校中學習自然科學，除了為裝飾門面而外，於個人、於社會、於國家、於世界又有什麼用處。至於說學校中人數多，可得較好的團體訓練，這話也還得重行檢查。因爲團體的訓練重在生活的有規律，若無規律，便不能名爲團體，更無所謂訓練。在現在商業化的學校制度之下，與階級化的學風之下，集合若干青年於一堂，不相關乃至於互相敵視地過生活，果眞也能算作團體，叫作團體的訓練嗎？若果學校的團體訓練而有效，改行新學校制度三十餘年的中國社會，其無秩序無規律的現象當不至於如斯之甚罷！大家都知道游泳要到水裏去學，我不知大家何以對於從實際生活得來的眞實學問如此輕視，而反重視那與中國現社會需要不相應的學校教育，以及學校文憑！

以上是說現在的學校與現在的社會需要不相應，學校的文憑不足以代表眞實的學問。我們再退一步承認學校的標準一樣，學生的程度也相同，可是職業的要求，絕不只是某種學校中的一點教科知識；必得於學校教科之外，更有人生的、國民的以及職業的知識。這些知識最正確的來源是建築在隨處留意、隨時留意的習慣上的。俗話所謂"做到老，學到老"，就是此意。所以爲文憑而求學，固然只能學些皮毛，有了文憑而自滿，更是自阻進步。諸君能進中學，在現在的中國，可稱幸運；社會上一般人都把你們看作中堅份子，你們的責任，也就匪輕。倘若你們求學是爲文憑，升學及就職靠着文憑，那眞是危險萬狀。所以我以爲文憑問題關係於你們中學生者爲至要。

文憑之不能重視與不足重視旣如此，所以我勸諸君不要爲文憑而求學、靠文憑去就職。講到這裏，諸君一定要問：求學爲什麼？就職，靠什麼？我的很簡單的答復是，求學爲生活，就職靠能力。

諸君也許聽過見過"爲學問而學問"的話。這話自然可以存在，但絕不是我們忙於生活的人所能辦。與其爲說冠冕堂皇的門面話而貽誤自己，不如老老實實地說是爲生活。不過我所謂生活是眞正的人的生活，不是非人的生活。這句話恐怕又得略加解釋了。

我以爲人是介於神與物之間的一種機體，他有物質上的需要，同時也有精神上的要求。一般極端的唯心論者把人當作神，以爲只要精神生活能滿足，物質上需要可以不問；而極端的唯物論者則以爲人間的一切都是物質的關係，根本上無所謂精神。我則以爲人是物體而具神性的個體，其生活的高下，視他對於物質慾望與精神要求的比例以爲斷。若他專重物慾，他的生活等級自然很低，可是絕不能過全無精神的生活，而儕於物的地位；反之，若他純是精神的發展，他的生活等級當然較高，然而他也不能全無物質的需要，而完全過神的生活。同時我更以爲人之所以異於禽獸與神者，在於有無限的自覺創造性，就是時時不滿足於現實，時時在理想的追逐中過生活——禽獸只知現實生活，沒有理想的追逐，神則已達完滿境地，無須理想的追逐。

人的生活的特質明白了，諸君求學的方針便可由此而定。因爲人有物質的需要，所以對於現實生活的各種知識、各種技能，都應當留意。假如你的志願在習商，而所進的分科又是商科，在不明白生活意義的人看來，以爲學校教科中有許多關於商業的科目如《商業概論》《商業道德》《商業地理》等等，只要把課本讀熟就夠了；可是你得知道這些課本，其取材大部分來自外國，未見得眞能與中國的社會——尤其是內地商業社會——需要相合。譬如說：中國商業對於文書與珠算最爲重視，而銀行滙兌的種種學問在內地商店竟完全用不着，所以你對於學校中所有的科目固然當學習以擴充你的職業常識，或等社會經濟制度改變的時候應用，而目前敲門磚的文書與珠算應特別注意。其他爲學校課程中所無的商業習慣、商人生活等等更不可不留心去調查研究。所以謀滿足物質的需要計，不可不注意於學校科目以外的社會現象與社會需要。但是人的生活絕不只是物質需要的滿足，同時更有精神的要求——也可以說剩餘勢力的引伸。這精神要求的出路大體可以分爲兩條：第一條是事業的改進與創造，第二條是學術的研究與發明。若果你知道人的特質是在於有無限的自覺創造性，則你於維持物質生活外，一面努力於創造你的職業的改進理想，一面本你個性之所近，於業餘研究一種科學或藝術，以利用你的剩餘時間。這種研究是超物欲超利害的：當進行的時候，固不會預存何種實用的目的，可是到了相當的時候，牠在你的事業或學問上常常有意想不到的效用。愛迪生之成爲發明家，就是一例。所以在求學的時候，於物質生活的知識與技能獲得而外，同時要注意你的個性的要求與發展，以寄托你的精神生活。簡單說：在實際生活中繼續不斷所獲得的學問才是眞學問，把所得的學問應用到生活上而能使生活日新月異地改進，才算學問的眞價值。也可以說：從生活中得來且能應用到生活上去的才是眞學問。這是求學爲生活的簡要說明。

  我說就業靠能力，諸君或者要問：中學生到底有多少能力？倘若僅僅就現在學校所給與你們的教育講，你們的能力比大學生和留學生的自然要單薄一點；但實也不盡然：第一，社會的事業很複雜，需要處理牠們的能力的方面很多。從表面上看來，販夫走卒所作的事情似乎遠不如文人學士的高，但是販夫能盡其貿遷有無的責任，走卒能無虧於洒掃清潔的職守，其對於社會上的貢獻，比之吟風弄月的文人學士們還要大。所以能力不怕小，只要善用牠，使牠對於社會有益。第二，能力之大小並不以學校教育的等級而有限制。孫中山先生講考試制度引用美國"博士不如車夫"的例，是一般人所熟知的，就是本誌第十一號《出了中學校以後》幾位先生所自述的能力與所作的事業，又豈是一般大學畢業生和留學生所能盡有、所能盡作！我以爲現在的學校教育，姑不論其是否合於現在社會需要的根本問題，就是假定牠的一切都是與現在社會情形相應，也只能使諸君在學問研究上略識蹊徑，在治事方法上薄有基礎。走什麽路、造什麽房子，還得靠出了學校以後永久不斷的繼續努力。中國讀書人最大的毛病，就是把學校當作學問的源泉，同時也把牠當作止境，以爲求學問非在學校不可，出學校便無學可求。因而演成一種學校卽學問的謬誤觀念，遂致社會上輕視學校以外的眞知識、眞學問，同時更使有機會進學校的人，將在學校中所得的門徑與基礎於出校門時一律斲喪。這阻碍個人及社會進步的惡習，諸君應當於自己不濡染而外，同時要負改造之責，努力於實際生活中求眞實的學問，以爲那些抱殘守闕的大學生和留學生倡。

講到這裏，諸君或者又要說：就業靠能力，求學爲生活，話是不錯，但是事實上有能力的人，在社會上未見得能生活，而無能力有資格的人，倒可以踞高位、操大權，則這兩句話不要成爲不兌現的支票嗎？這問題自然是現社會中的一部分事實。但是我以爲這事實是暫時的，諸君萬不可以此而自餒。我可以分而❶層來說明。

有能力的人不能生活，沒能力的人反可舒服，可以歸納爲兩種原因：第一是知識界的失業問題。這問題從去年來已成爲世界上不能解決的大事情，不是一國所能解決，更不是我們所能解決，我們姑且略而不談。第二是國內的政治紊亂。中國二十年來，因爲社會經濟制度發生劇烈的變化，所有社會思想、社會倫理、社會習慣，

---

❶ "而"，疑爲"兩"之誤。——編者註

均因之發生動搖；新的標準在短時間不能建立，而舊的又已崩壞，於是政治上的用人行政一切失所依據，遂以執政者之個人勢力與其好惡爲準則，而演成"論事惟好惡，用人論情面"的惡現象。然而這是暫時的，中國而欲立國於世界，此種現象決不會長此下去的。所以我以爲"求學爲生活，就職靠能力"的兩句話，實在是一張可以兌現的支票，其所以暫時不能兌現者，並不是牠本身的價值有問題，乃是社會的偶然現象妨害牠的價值的實現。

我們再考察現在的時代，是否可以容許這張支票能充分表現其價值，我的答案是肯定的。因爲這支票兌現的機關，只有一個，就是考試。考試的含義有廣狹兩種：廣義的考試是由實際事業上所給予各種事業者的甄別。社會上無論什麼事業，只要牠不是乾薪機關而眞正可以算作職業的，都得有一種能力去應付。也許在某種時期你的職務和你的能力不相稱，若果這職業機關的目的是在發展牠的事業，主持的人員便不能不有"爲事擇人"的決心；只要你的能力能在事業上表現，終會有職務和能力平衡的時期。倘若你自己獨立去創辦一種事業，事業的本身就是一種最好的試驗資料。你的成功與失敗絕不是偶然的，一定是和你的能力有最密切的關係。你不必因偶然的不幸而灰心。狹義的考試是由政府舉行的各種試驗，這是能力兌現的普通機關。由此可以使無錢守購文憑——我以爲現在學校的辦法於納費之外，且須一定的年限畢業，實在是有錢守購文憑——的人能自己表現，同時也把所謂學問的範圍擴大，實在是很好而很重要的辦法。這辦法之能通行與否，在從前雖不敢說，現在則可以加以肯定。因爲在民國二十年的年頭，四分五裂的國家總算統一了，政治也漸入軌道了；同時國民政府是由三民主義、五權憲法所產生的，在民生方面要人盡其才，非以考試爲工具不可。而五權中之考試權，尤爲近代政治學說之特創，而爲中國歷史及國民黨所最重視者，在事實上且設考試院專理其事。各種考試之實施，當然是可以"拭目以待"的。所以我以爲只要你持有能力的支票，不怕不能兌現的。則現在那不能兌現的所謂學校文憑，除了在現在教育部的某種命令之下，於經濟佔優勢的青年入大學時稍有效用而外，在求學與就職的兩方面都是廢紙。

　　至於考試要怎樣才無流弊，這自然是值得討論的問題。但是這些事情在國家方面其權操之政府，在社會方面其權操之職業機關，我們當然不能爲之代謀。不過我相信若用新的方式根據職務上需要，將試驗的時間加長，從各方面分別予以文字及實際的考試，在必要時，更可採實際試辦的方法，其結果比之驗看一張無標準的文憑要可靠得許多。此外，現在的學校制度完全資本主義化，遂致演成"學校重地，窮人免入"的現象，而使學校教育權爲有產者所獨佔，更使"才"與"財"成正比例的進展，實是最不公平的事情，也得根本改造。這改造的方法，我主張各地設科學、圖書、體育三館，各請導師指導，聽人民自由學習、研究，而以考試方法驗其成績。其詳細辦法我在十七年的全國教育會議提有一個《改革學校制度案》曾經說及——現在收入我的《中國教育建設方針》單行本中——而且不在本題範圍之內，所以畧而不談。好在這些事你們還可以暫時不問，不詳說也沒有什麼要緊。

　　初意本只想和諸君畧畧談點我對於《考試與文憑》現成題目的意見，不料一動筆又寫得這麼多，而且牽涉到求學與就業兩方面去了，致有費諸君實貴的光陰，抱歉之至。敬祝諸君學業猛進、身體康健。

你們不相識的朋友舒新城，二十年一月十五日

戀愛上的幾個問題
—— 給男女青年的一封公開信

至❶可愛敬的青年朋友：

恕我不能保持教師般的威嚴，和你們說你們自己很感興趣而又不便向前輩或教師請益的戀愛問題。

你們對於戀愛問題感興趣是生理與心理上的自然要求，是必然的事實。無論你們的父親、母親，或者你們平日認爲最尊嚴的前輩先生、最莊重的教師，當他們年齡正在青年期和你們一樣的時候，對於這問題也和你們現在一樣地感興趣；甚至於現在鬚髮斑白，兒女滿堂，還是如此。雖然他們的青年時代，不能像你們現在這樣自由、這樣有機會與異性交接，但心影中充滿了異性的要求却和你們現在一樣。他們尋求異性與兩性生活上的經驗，雖然不一定能與你們將來的相比，但至少也可以供你們的參證。然而他們却不能坦白告你們，你們或者也未必敢問他們——這是受了禮教先生之賜！

朋友！我想你們大概都曾知道《禮記》"飲食男女，人之大欲存焉"的話。他把飲食與男女並舉，實在因爲這兩件事在人類生存上有同等的價值。無論什麼人，他要自存，非得飲食不可，若要存種，也非得過兩性生活不可；所以禮教的束縛無論怎樣嚴謹，男女問題却與飲食問題同爲人類生活共始終的事實。飲食問題可以公開

---

❶ "至"，當爲 "致"。——編者註

討究，同樣重要的男女問題爲什麼不可呢！

因此，我敢於不客氣將我所感到關於戀愛上的幾個小問題和你們說說。

倘若你們不是被"道學先生"極端重視的"少年老成"的青年，大概對於戀愛的意義會懂得幾分的——而且也當懂得幾分。你們到青年時代的愛情發動期，便自然有尋求異性的傾向；倘若遇着一個異性而覺得他或她事事可愛，而且有機會能彼此了解其心性以至彼此不能片刻離開；卽使形式上離開而彼此的心影都完全爲他或她所佔據，甚至於喜怒哀樂都以他或她爲轉移，卽因他或她而犧牲一切也很願意，這樣可以說是戀愛的生活。再進一步經過法律的手續，訂爲夫婦，便是婚姻。

當戀愛正在進行中，一切活動都以引起對手的歡悅爲目的，全生命的注意力都集中於此，因而你的言語舉動最容易爲你歡愛的異性朋友所影響，乃至於完全受其支配而不自覺。倘若你有過戀愛的經驗，自然能懂得我這話的意義；若是沒有，我請你讀下面的一段話：

哥哥，關於我的事情，請你千切不要掛慮。無論什麼事情都是運命，我是定了心的。進女子醫學的事情假如在我哥哥身上稍微要加上些苦痛的時候，我都不願意去。……只顧自己的私圖，不顧哥哥的甘苦，這樣的事情我是不忍做的。只要是於我哥哥有益的事情，我甚麼都能忍，甚麼都甘受。學校的章程我也取來看了，好像很難，但是不能考上的事情想來也沒有。假如我眞是能夠進去的時候，那眞是高興呢。我如能夠稍微幫助我的哥哥，那眞是幸福呢！但這不是我的意志，一切只隨着哥哥的意志，隨着哥哥的希望，隨着哥哥的方便。請你好生籌算罷。

——郭沫若：《落葉》第六信

這自然是小說的描寫。然而眞正的戀愛，確實有這樣的情形，確實常以情人的意志爲意志，若不達這程度，實在不能算作■■❶。惟其如此，所以問題也就發生了。

　　男女青年之願以其最親愛異性朋友的意志爲意志，自然是對於他或她有特別的尊崇的情感，非此不足以表示。然而無論何人都有其特有的個性，誰也不願意無故消滅，而且事實上也不能消滅。戀愛熱度最高的時候，何以願犧牲自己的意志？是因爲所要求的更有大於此者。前面曾經說過，青年到春情發動期，自然有尋求異性的傾向；凡可以滿足此要求者，便受其吸引而思據爲己有。此時因接觸的範圍有限，而內心的要求甚切，只要遇着與其所懸擬之條件約略相符的異性，便可以由認識而發生如膠似漆的結合。然而戀愛究與婚姻有別，雖然如膠似漆，但未經法律的手續定爲夫婦不能得法律保障，縱使開明的社會習尚有相當的制裁，均是道義的而非強迫的。其前途可以發生無限的波折——結婚以後也是如此，不過有法律保障，心理上較爲安舒而已——最親愛的愛人，隨時有爲他人佔有或被其棄置的危險。爲欲達永久佔有的目的計，勢不能不努力抑制自己的意志，以求迎合對方的心理而得其歡心。故自己方面旣爲潛意識所支配，竭力在那裏暴其所長、掩其所短，對於對手亦因愛之切而不能發現其缺點，卽或偶爾發現，亦能多方原諒。所以情人眼中的女子都是西施、男子都是潘安。果眞情人的眼力常有錯覺或幻覺作用嗎？不過爲佔有慾在暗中支配罷了！因此，有許多男女青年正在戀愛期中，彼此覺得對方都是神聖，都是至尊，預想一旦結婚後，生活一定圓滿不是他人所能夢想。及經結婚，一因佔有的目

---

❶ 原書不清。——編者註

的已達，二因有法律的保障，便不知不覺透露本性，從前壓抑下去的種種惡性根自然而然抬起頭來，而對於對方的鑒別力也遂漸增加，結果互感苦痛，乃至於發現彼此都非理想中的人物；悔恨從前的錯愛以致離婚，亦事實上所常有。在戀愛期中"隱惡揚善"的現象，是人類兩性愛中最普通的事情。這事實眞是愁城，不知葬送了許多活潑潑的青年，因而有些人主張試驗結婚。在今日的中國自然離試驗結婚的時代不知多遠多遠，然而這種陷人的事實，却値得進步的青年注意！

　　要怎樣注意？這問題誠然很重要，但却難得適當的方法。因爲狂熱的戀愛生活，完全是感情在那裏作主；感情當位的時候，理智實不容易抬頭。倘若你正在過狂熱的戀愛生活，有人把你所愛的異性的缺點告訴你，你縱不疑他別有作用，也難得相信他的話。可是，朋友！爲你的前途、幸福計，終不能不注意這陷人的事實。我想，倘若你，第一，能於不必要時——如正在求學的時代——不急急以求得配偶爲事而又不完全置之不問，隨時與異性朋友爲適當的交接而加以選擇；第二，於將要走入狂熱的時候常常反省自己被愛的原因，並對於對手爲多方的考究；第三，狂熱之餘，不時迴想他人失敗的經驗。這樣，雖不能說完全可以解決這問題，但至少亦可以給你以一種無害的幫助。這是我請你們對於戀愛上注意的第一問題。

　　戀愛達了最高度的時候，無論什麼事都沒有比彼此聚首還重要。倘若你沒有這樣的經驗，我仍然請你讀一段小說：

　　滋味是在心頭的，我眞說不出的苦呀！就只是這一回罷，自後我永也不離開她，或讓她離開我了。卽使她要回去，我也該設法留住，在事實上是我勸她去的。莫非那時我瘋了嗎？竟會作出這樣的事來！越是算得歸期將近，越是難捱，這時理智也完全失其效力。

從前還能終日伴臥在牀,現在就連夜裏也不能睡。從前能讀書,雖然只要見到書中的情節和語言與我們的經過相仿者,總不免要停留,而今簡直是不能讀,就是提起筆來也覺得凄涼。從前我是恍惚的,而今清楚了,然而這正是痛苦……

川島:《月夜》頁七九——八〇

這段話確實是事實,並非小說家的想像作用。你入戀愛的途中,在別離時固然是極感痛苦,就是聚合,也常常為說不盡的情話忙,而將應當作的事情棄置一旁。然而人是一種介於神與物之間的西,雖然有精神生活,但又不能盡過精神生活。倘若你是豪華子女,有權承受遺產,不為物質生活的事情所束縛,自然可以安安舒舒過鴛鴦鳥與比目魚式的生活。可是今日的中國,真正的豪華子女,我們姑且不問他不勞而食的罪過,他們也少知道真正的戀愛;而尋求戀愛生活的青年,却大半同時要為衣食忙。有為的青年果真墮入戀愛的深淵中,日日從事於戀愛生活之滿足,而把應作的工作放棄。愛情與麵包的問題,恐怕不久甚至立刻就會發生。

若果你是今日被重視的革命青年,我想你以為這是不成問題的:因為你可以想像這些問題都是資本主義社會的罪惡,倘若將來共產主義實現,兒童公育,自然不會有這些不相干的問題。朋友!你如果這樣想,我却替你擔憂。現在的戀愛不能自由,自然有經濟的原因作梗,但謂現在的經濟制度打破,便可以安居而食,却未免過於樂觀。你要知道消費與生產成正比例,社會秩序才能保持,所以"各取所需"之前有"各盡所能"四個字作先鋒。生產與分配的方法雖可因時因地而異,但不"各盡所能",而可以"各取所需",却是地老天荒以後所不能有的事情。若果照此想像,人類三分之一的青年,都從事於狂熱的戀愛生活,而不問其他一切,麵包問題固然立刻要發生，而大家不負責任的生兒女，就公育，也無如許專員料理，如許專款供給，如許專地容收！

我也知道戀愛者不一定要結婚，不一定要生兒女。然而真正的戀愛要靈肉一致，即不經法律的手續而成為婚姻，但同居的事實却不能免。生活不能獨立的青年，未同居以前為着愛的驅策而犧牲一部分預備生產的工作，既同居以後，更能保其必不生兒女嗎？若果自己的生活能力不充足，同時又要供給子女或多數子女，姑無論現在的社會不容許你不感極大的痛苦，就是真有共產與兒童公育的時代，在道義上也不當不負責任。因此，所以我敢奉勸生活不能獨立的青年，且慢努力於戀愛的進行。這是我請你們對於戀愛注意的第二問題。

三年前張兢生在北京《晨報副刊》上發表一篇愛情定則的文章，以為愛情是：（1）有條件的；（2）是比較的；（3）可變遷的；（4）夫妻為朋友的一種。而京滬青年之持反對論調者極多，見於文字者已百餘篇（見民國十二年四、五、六月之《晨報副刊·學燈》《覺悟》）。"百年偕老"，自然是我們對於戀愛應有的理想，可是歷史告訴我們：無論在從一而終的中國社會，抑或在戀愛可以自由的西洋社會，也不問現在的二十世紀或往古的初民時代，離婚的事實終是常有的。中國舊日父母之命、媒灼之言的婚姻，或者可說是非愛的結合，離婚事實的發生，我們還可曲為一解；而現在自由結合的夫婦，何以也免不了離婚的事實？這問題的答案就不能不歸根於愛情是有條件、可比較、可變遷諸事上面去。說到愛情有條件，所謂癡男女大半不承認，以為我愛他或她，只是愛而已，並沒有什麼原因。實則宇宙中決無無因之果，你所以愛他或她而不愛他或她以外的人，或者由於性情相投，或者由於景仰其人格、羨慕其學問乃至於重視其富有。若果平心靜氣分析相愛的歷程，玩味相愛的情形，決沒有尋求原因不出的。既經愛定一人以後，我們自然希望他們能百年偕老，然而當狂熱的戀愛期中，既有"隱惡揚善"的事實，一旦彼此發現缺點，便會感不滿足；倘若此時有更好的異性施愛於你，便可乘虛而入、搖動你的感情。若再經理智的分析，發生客觀的比較，你的的愛情便可以變遷。有許多人為着社會的制裁與人道的見解，縱使對於其當初所愛者極感不滿，也能忍受苦痛，始終不離，這自然是他們的好處。然而這只是他們對於道義上的責任，並非感情的生活，而且在實際上他們所感的苦痛或者還有甚於分離者。

　　說到感情變遷，你或者以為這樣地無保障，戀愛的前途未免太危險。其實感情變遷並不是壞事，而且是促進人生進步的重要途徑。你若現在有二十歲，我請你想想經過的生活是不是時時變遷的，從前的衣服能和現在相比嗎？從前的用具能和現在相比嗎？從前物質上的一切享用能和現在相比嗎？物質生活既要力求進步，精神生活為什麼不當如斯？倘使你的精神生活與物質生活時時進步，而你愛人的却數十年如一日，你能滿足嗎？你若現在是大學生，請你再回想中學時極好的同學，你現在對於他們能保持從前一樣的感情有幾人？小學的又有幾人？我想，你對於他們的感情一定是一天一天地變遷下去，往來一天一天的少，乃至於完全不問或發生反感。這並不是因為你是大學生，擺大學生的架子看不起他們，實在是他們的思想沒有你的進步那樣快：思想不相合，言論不投機，便自然而然地疏遠了。這是很平常的事實，我想，你不會完全不曾經驗過的。戀愛中的異性朋友又何嘗不如是！倘若你自己是一位極愛好文藝的青年，當初因為他或她愛慕你極其深切，也不知不覺受潛意識的支配而有愛好文藝的表白，你自然以為是得了知己。孰料佔有的目的達到，潛意識消沉而不愛文藝或竟完全與你的期望相反，而過你極不願意的生活，你的感情能不變遷嗎？而且因爲彼此佔有目的達到，便持法律的保障或社會的裁制作護符，自己不求進步而把持日日進步者之愛情，實係人生進化的蟊賊；況且社會的裁制不能及於內心的意志，法律的保障不能強迫執行呢！——照現行民法所規定。

感情變遷並不是可怕的事情，而且是促進愛情、使愛情及人生進化的要途。若果你怕你的對手感情變遷而棄置你，便請你研究他或她變化的原因何在。若果他或她是為物質的虛榮心所驅使而變化，今日看得張三的豪華而把你這窮書生——假定如此——丟棄了，則你們最初的結合便是一種盲動，便不是以共同意志為基礎；變了棄了，實在沒有什麼可惜。若果是他或她的人格、思想、學問進步，你還是數十年如一日地站立不動而被他或她不滿，你應當自己反省，力求進步。你更當知道：你與你的異性朋友若果真是經過戀愛而結合的，最少在最初是有共同意志的：他或她的人格、思想、學問、以至於其他一切，決不至於全無所知；而且結合以後，朝夕相處——即形式上不能朝夕相處，精神上總是溝通的——他或她進步的歷程你也當知道得最詳。他或她既能使各方面進步，你為什麼不能步後塵呢？所以我以為感情變遷並不可怕，可怕的是不互求進步！倘若你想於得到適意的戀人後而求偕老百年，你千萬不要以社會的裁制與法律的保障為唯一的護符，應時時自求進步，使彼此的愛情共進。這是我請你對於戀愛注意的第三問題。

戀愛上的問題自然很多，我們不是講戀愛學，所以只揀幾個實際的問題說說。這些在真正的戀愛家看來，或者以為有點過於實用主義的；然而惟其實用，所以特別值得可敬愛的青年朋友們注意！天氣很熱，不再多說，就此順問健康！

你們不相識的朋友舒新城，十五年五月三十日南京

愛的無抵抗主義

——復某君兼論金、羅情殺事

前日得你的信，就想作復，後因近來很感文字不能表示真實意思的困難，便又想默爾而息，以免發生其他無謂的爭執。乃今日又連得你兩函，述你對金、羅情殺事的意見，引起無限的感想，只好將"辭不達意"的問題放在一旁，姑且作此書復你。

在今日忙於戰爭、盲於主義的中國，金、羅的情殺，誠如你所說，是不惹人注意的問題。然而你竟注意及之，且有種種意見，可見你對於社會問題的留心。其實京滬報紙上之小新聞欄紀載此事者到有好幾處，評論的也有人，不過不把牠當作一個重大問題去研究罷了。你雖費了許多功夫，從各方面研究過，可是你的結論却完全與我的意見相反。這自然是由於我們的觀察不同，而我們思想上之根本差異點也就在此。

你以為金、羅的戀愛歷史很長，羅不應中途改變態度；金因其改變態度而毅然敢於殺羅而自殺，是有丈夫氣，足以當俠勇的青年而無愧。這話我自然不能說是不對，因為你所據以為評判之標準者為社會倫理觀，你的論斷和你的前提完全相應，任何人都不能在論理上攻破你。但我想，若果以現社會的倫理標準去徇金、羅，社會上人早有定評，用不着我們再去多事；你既要把這事當作一個社會問題去研究，我請你先將社會倫理觀打破，而為進一步之探究。

我們要研究這問題，第一要問愛的本質是什麼？第二問金、羅是否真相愛？第三問愛的處置應如何？

我的淺見以為愛在積極方面是犧牲的，在消極方面是不加害於其對象的。我想親子之愛之出於天性，誰都會承認的。我們且不遠涉生物學上的問題，說母之孕子是犧牲個體以存種，是愛之始基；卽就父母對於子女之撫育的情形看來，何處不是自己犧牲。若僅為生活計，無子女實較有子女為便利，然而為父母者情願犧牲其便利以扶植子女，蓋由愛力驅之使然。親子間之愛如此，兩性間之愛又何嘗不是如此！在表面上看來，兩性間有適當之結合，因互助而彼此有利，實際上則彼此所犧牲者甚大。就以最平常而最為人所不注意的飲食問題講，嗜好之不同，也可以說各如其面；但為愛之故，不能不彼此節制，以免引起對方之厭惡。其他各種習慣更莫不如此，而遇有危難時，卽犧牲生命亦所不顧。所謂互助，不過事實上之偶然，其量果能與犧牲相等嗎？我想，由眞愛而結合之男女均能答此問題，用不着列舉事實，以資證明。但此就人間之愛言，卽推而至於物之愛亦何嘗不如是：我寫字之筆是我所鍾愛的，我曾費金錢購得之，而金錢由勞力所換得；直接費金錢，間接卽犧牲我的勞力。某次我在湘旅行失去我之筆，曾費三倍於筆價之勞力及金錢去追尋；若爲金錢，另購一枝，所費猶少，而我不惜犧牲精力與金錢去追求，是由於我愛牠的緣故。這不過是隨便舉一事以爲愛是犧牲之證。至於愛不加害於其所愛之對象，更屬顯而易見之事。親子間、夫婦間之互相維護，固然是最普遍而最自然的事實；就是我們對於所愛之物，亦莫不小心翼翼地保護牠。倘若有人說："我極愛這物，所以我要破壞牠。"你不說他是發瘋嗎？所以我說愛在積極方面是犧牲的，在消極方面是不加害於其對象的。

現在討論第二問題。

我們對於金、羅之愛的歷史，只能從報紙雜誌之記載中略知一二，卽此已知之一二，亦未見得都屬眞實——我以爲凡屬表現於外面而爲人所周知之事象，其不眞實之程度常較眞實者爲大，甚至於完全虛僞——他們從前是否眞相愛，我們無從證明。所以討論這問題只能就其確無錯誤之事實立言——此事實卽金□❶於民國十五年十一月十五日上午八時在日本東京中國女子寄宿舍之客廳中用刀殺死羅□□女士而自殺。

無論何人對於其人而有愛情，絕不曾不承認其所愛者有獨立自主的人格；倘對於其物而眞鍾愛，亦決不會有自行毀棄之理。金、羅若果眞相愛，彼此對於對方之人格自當重視，也應承認各有獨立自主的全權。假定羅在未出國前曾眞心愛過金，到日本後而變心，我以爲也不至於被殺，更不至於爲金所殺。因爲她有她獨立的人格，她的思想有變遷，她的意志命令她不愛他而愛他人乃至於一人不愛，甚至於自殺，她也不得不遵從；若果她的行爲對於社會無直接的妨碍，誰也不能干涉她。金如眞愛她，更應尊重其人格而聽其自由；他既無權殺人，更不當殺所愛之人。若說她已愛過金，卽不應再愛第二人，則與武斷的宗教家強迫人不許懷疑上帝、專制的君主強迫人不許批評國政有什麼不同？你反對宗教與專制的君主是爲着他們錮蔽思想，難道這"從一而終"的習俗，便不是錮蔽思想嗎？若說愛人爲人所奪，心所不甘，因而將她殺死以洩忿，這種情調自是青年所常有，然而決不能說是由於愛的驅策，只是欲的激動而已；因爲愛不加害於人，而欲求不遂，却常能使人憤而將其對象毀滅。你

---

❶ 原書如此。下同。——編者註

若不相信，儘可以去訪幼稚園的教師，問他們的兒童是否也曾毀滅他們愛好的洋囡囡，而最容易被毀壞的小坐椅是否是爲着爭佔有不遂而然的。

我自然相信人是介於神與物之間的東西，也相信兩性之愛是要靈肉一致的；也相信兩性間有精神之愛，自難免不發生佔有之欲；也相信講到佔有，便會發生量的問題，遇有競爭，也自然免不了爭執。然而你要想，人之所以爲人，就在有精神的生活，總在以精神的生活支配肉慾。若果精神上不能克服人，不能使人心悅誠服，在某種情形之下，也許可以滿足肉慾，可是其生活之禽獸化，却是我們想像得到的。所以卽使曾經愛過我的人而現在不愛我，我若猶愛他，應當從精神上去克服他，決不能將他消滅——因爲果如此，其目的已失，而況我對於所眞愛者決不會有意毀滅呢！

情殺的事實，我常有聞見，但無論其爲獨死、雙死，乃至於三角死，若其死是出於本人的意志，我都很尊重他們。因爲在我看來，唯能實現其意志的斯有人格，其人若果自己要死而死了，實是求仁得仁的事情，我們不應責備他。若不得他人的同意而強迫之使之死，我們雖不拿法律家的口氣說他是犯法、拿道德家的口氣說他是不道德，但其爲思想的專制者，不尊重對方的人格，却是很明白的事實。在這種事實之下，還能說是眞相愛嗎？

金、羅之眞相愛與否，我以爲還是小問題，因爲是他們個人的事。我們應當特別注意者，是兩性愛的處理問題。現在且畧述我的意見。

我以爲要保持兩性間的眞正幸福，惟有絕對戀愛自由，也卽是我所說的"愛的無抵抗主義"之一法。當今之世，有許多人聞着"戀愛自由"四字，便會掩耳疾走，而況"絕對的戀愛自由"。但是我想你總不曾怕的，倘若你或任何人能過細考慮一下，也決不會不贊成絕對戀愛自由的。因爲感情是最自由而最不受拘束的東西，不問你有多大的權威能制服別人，使他怒不敢怒、笑不敢笑，也不問你有怎樣好的修養，能制止自己的喜怒哀樂。然而別人及你自己的喜怒的動機終無法消滅，終於要爲精神分析學者所說，遇着"檢查官"疏忽的時候，便會破圍而出，而使你們的精神不安，甚至於發狂。你若相信愛是以求幸福爲目的的，則對於這種與目的相反的苦痛造作也不會不同情罷！

你若承認我這段論證，然後可以討論愛的無抵抗主義的問題。

我所謂愛的無抵抗主義，其內含與絕對的戀愛自由並沒有什麼不同，不過前者是以一方爲主之名詞，後者則爲兩方共通的名詞。這就是說，我們對於所愛的人，以絕對的自由爲原則，而以無抵抗爲手段。再明白說，倘若我對於我所視爲愛人的人眞正相愛，便無條件地愛他。若果他因我之愛而以愛相報，我們自然是結伴同向愛的天國中去旅行，無論前途平坦或險惡，其責任均共同分擔。倘若我愛他而他不以愛相報，我果眞愛他，也便照常愛去；若不愛他，他便眞愛我，我也不勉強報之以愛。若果我與他曾經相愛，不論時間之長短，中途他不愛我，我若眞愛他，也仍照常愛去；我若不愛他，也決不因其曾經相愛而仍勉強相愛。換句話說，我與我所愛者之愛與不愛，都一秉個人的自由意志，不受任何外來條件的拘束，也無利害的計算，更無將人作物而要永久佔有之的野心。

你看到我這段話，便會發生很大的疑問，以爲這樣一來愛情不是全無保障否？今日我愛張三，明日我愛李四，後日我又愛王五，不獨對方之人無保障，就是自己也嫌其太麻煩。我老實告訴你，要說愛情無保障便全無保障，若說牠有便保障最可靠；而且你能眞正瞭解愛的意思，也決不容你今日愛張三、明日愛李四、後日又愛王五——雖然也有終身找不到一個愛人，或者在同一時間可以找着幾個可愛的人而均有深摯的愛情的事實。

你若以爲愛情的保障是社會的裁制、法律的審判,則此種保障絕對無用。你大概是知道現行民法關於夫婦離合的判決案,法庭不能強迫執行的事例的。立法的人所以這樣規定,雖然未見得他能瞭解愛的性質,但最少他總能明白愛情不能由第三者強爲離合的事實。我也知道社會的習尚能支配人的生活,更知道中國社會的習尚,常常強迫無愛情的男女,共同混過一生。然而這決不是情愛的保障,只能使他們身體受桎梏而已,他們的愛的靈魂仍是飄茫於宇宙之中,遇有可以施愛者便自然與之結合,卽犧牲生命亦所不顧;卽無機會施愛,也將如精神分析學者所說,而以化裝遊戲從別方面表出之。社會裁制有什麽用處?

然而,愛情有最可靠之保障,而且是不假外求的——就是愛情自身。我相信人是能感受刺激,而且遇有刺激便會發生反應的。你眞愛某人,也許你用盡種種方法施愛,而他完全不以你所預期的反應給你。可是他如果經過自由意志的決定而報你以愛,你們彼此的愛便有了交際,決不會無緣無故便拋棄你。你或者要說:現在的青年男女常有"今日共生死,明朝若路人"的事情,何能保障既經相愛,決不會無緣無故拋棄呢?你所舉的自然是事實,然而你要知道:第一,所謂"共生死"未見得是眞由於愛極所發生的結果,恐怕是"欲"在那裏鼓動;第二,要知道愛是進化的。若果某某曾經眞相愛,而中途忽然有一方改變,必有其改變的原因。分析起來,自然很複雜,或由於金錢、名望不滿足,或由於感情有破綻,或由於發現對方人格上之缺點,我們要列舉也無從例舉,但歸根說來都是由於愛的條件有缺憾。倘若能補充此缺能,便無從發生變化。你或者又要說:各人所處的環境不同,思想隨時變遷,精神上的條件之補充已非易事,若係物質之條件如財富之類更有絕不能補充者,又將怎樣？我也曾看見許多青年男女因物質欲望之變遷，而致中途拋棄所謂愛人者——女子尤多。然而我相信平等的性愛最少須要以共同的理想爲結合的重要條件。人雖然要金錢爲維持衣、食、住的代價，雖然在現在的社會之下，未見得人人能遂其所生，可是物質生活最低限度的維持，究不是絕不能解決的問題。倘使兩性間有共同的理想，什麼甘苦都可以共，就是物質上供給不豐富，效顏回之安貧樂道，亦是應作而能作的事情。而況男女處於平等地位，除了特殊情形——如生育與疾病——誰也不應要誰供給，更無所謂財富之比較而變更愛情的事實。倘若因一方思想變化而他方要想繼續維持其類似——我不說一致，因我以爲世界上無一致的事情——的生活，除了努力自求進步、切實追隨而外，惟有立卽拆散，用不着勉强敷衍，更用不着憤而走險。倘若兩性之愛眞以共同理想爲結合的主要條件，又能時時努力創造，互求進步，就有意要牠改變也不容易，更何有今日愛張三、明日愛李四、後日愛王五的事實。你怕你的愛人對於你的愛有變化，我請你首先注意分析你們相愛的條件是否以共同理想爲基礎。第二，請你時時求理想的進化，使他不願不愛你。倘若要以威力強迫人不能不愛你，我敢說，你的罪惡最少等於剝奪他人意志自由的一切"閥"。倘若某某男女之相愛，不以共同理想爲基礎而以物質上之供給爲條件，則財富之比較級無限制，感情的變化也無限制；實際上不過是物欲在那裏支配，根本無所謂愛，更說不到愛的條件之補充。

你或者要說：這樣的無抵抗，在理論上雖然說得通，事實上恐怕未必辦得到。你果有此疑問，我很佩服你的思想周到。但是你所疑的，未必是事實。現在且與你講事實罷！

倘若你效英雄豪傑之言，說愛是要有抵抗的，我且問你抵抗的方法如何？效果在那裏？若說某人不愛你，你也以"不愛"報之，抵抗是抵抗了，可是你由愛到不愛，你的目的早已變了：若說某人不愛你，你用殘暴的手段將他置之死地，如金口之所為，則愛的對象已消滅，就是你自己不死，也無法達你的愛的目的。可見這兩種方法是不適用而且根本與愛之本質相反。倘若你說某人既經愛你之後，你便用種種方法禁止他與他人發生關係，或以權威脅制他，使之不敢愛第三者，或卑躬屈節"脅肩諂笑"以求得他的歡心，而使之不忍愛第三者。這些方法，在某種情形之下，自然可以發生效力，然而，你果這樣主張，實在把你和你所愛者的人格都抹殺了。即能如你所預期，亦只是些偵探式、奴隸式的苦悶生活，離愛不知若干萬里。你以你所愛者不與他人往來或不敢、不忍愛第三者，就是在那裏愛你嗎？我勸你決不要這樣想，因為能禁止、脅迫、羈縻他的身體，決不能範圍他的精神。也許你們正在談話甚至於正在性交時，他的精神早已注在別人身上；或竟把你當作別人的替身而實行，借以宣洩其潛在的情感。倘若你的禁止、脅迫、羈縻的勢力有變化，他的潛意識突圍而出，便會立即與你脫離關係乃至成為仇敵。所謂禁止、脅迫、羈縻的方法又有什麼用處？

"抵抗"的方法既然得不着性愛，而性愛又是我們生活上不可缺的要素，我以為我們要得兩性間的真愛情，只有極端的戀愛自由，將一切束縛盡行解放，彼此極力尊重對方的人格，互採無抵抗主義，以期愛的實現！

我的話你或者以為過於迂遠，然而今日的我却以為這種迂遠的事就是青年所應當努力的。不知你以為何如？

舒新城，十五年十二月十五日

附錄：中學生的將來
——在紹興浙江第五中校講演

一

我這次到紹興，是考察江浙皖三省的中等教育便道過此的，目的只在"考察"，所以沒有預備講演。我原定今日上午去杭州，因貴校開全體停課的辯論會，這是很難得的機會，所以留住半日改於晚間起行。方校長初約我和諸位談話，我本不答應；後來聽得辯論會諸位一番宏論之後，却到有幾句話要向諸位說說。這一次的談話，可以說是臨時的感想。在這"感想"之中，或者有些要開罪諸位的地方，還請諸位原諒。

二

今日談話的題目，姑定爲"中學生的將來"，共分作四項講：一，一般人與中學生對於"中學生"的觀念；二，從統計上看出中學生的地位與責任；三，中學生將來的出路；四，中學生怎樣解決自己的問題。現在先講第一項。

中國有"中學校"的名稱，以一八九八年上海南洋公學的附屬中學爲始，到現在不到二十年，時間上可算是很短。但"中學生"三字却有了特別的意義，就是中學生爲"社會中堅人物"。"中堅人

附錄：中學生的將來

物"四字，在一般人看來，有下列幾種意義：

（1）有充分的學識，能主持社會上各種事業。

（2）有良好的行爲，能得社會上多數人的信仰，爲多數人所依歸。

（3）社會上發生事變時，能主持正義，指導羣衆。

（4）社會上有應興革的事情，能以身作則，竭力進行。

（5）無論何時，均能以公衆福利爲前提，處處爲公衆謀幸福。

在中學生自身看來，除上述者外，還有幾種特殊的意義如下：

（1）在學識上，小學生知識較淺，不足以領導羣衆；大學生學識又太高，亦難爲羣衆所瞭解，而使之遵從。只有"中學生"間於二者之間，上有瞭解專門學識的基礎，下又足以使羣衆瞭解其言行。民主國社會上的一切活動，都當植立於民衆意志之上，"中學生"在一切活動中當然爲重鎮。

（2）現在社會上各種事業雖然趨重分工，但無論治何種職業，都要有充分的常識；"中學生"受了較高深的普通教育，常識自然充足，能擔任較高等的職業，在職業界亦可爲重鎮。

（3）"中學生"因受過相當的教育，對於世界潮流、國家事變有相當的見解，並且係中產階級，有餘暇時間與聞政治。以其識力與地位可以左右國家政局，在政治上也可爲重鎮。

一般人與中學生自己對於"中學生"都有這樣重視的觀念，所以諸位辯論中談到"中學生"對於社會國家的責任，與改造社會國家的意見很多。我坐在下面聽着覺得很有興味，並回想到十四五年前我在學校讀書的時候情形——差不多也和諸位相同，不過所講的是"排滿"罷了——深與諸位表同情。

三

一般人與中學生自己對於"中學生"旣然都有這樣重視的觀念,"中學生"對於社會與國家所負的責任很重,自然是不待言的。"中學生"在社會上所處的地位如何？應負的責任怎樣？我們可以從統計表中看出來。據中華教育改進社去年（一九二三）的報告,全國公私立中學校（一九二二——一九二三）與教會中學校（一九二〇）的學生共一一八·五九八人,而全國人口據一九二二年（民國十一年）郵務局的調查共四四七·一五四·九五三人（京兆區之一縣及蒙古與南滿所屬之一縣及西藏未列入）,差不多要四千人纔有一個"中學生"。在數量上,我們知道,每個中學生是由四千人中間選擇出來的,就是四千人中間的代表。古人說："智過十人者爲傑,智過百人者爲俊。"現在的"中學生"爲四千人中之選,其智當過四千人,可稱爲傑中之傑、俊中之俊。"中學生"在社會上的地位旣如此尊貴,無怪乎一般人都重視他。可是重視雖被人重視,但是責任却又不小,因爲四千人中只有一個"中學生",其餘的三千九百九十九人雖然照統計上也占半個中等學生——如師範,甲種實業學生之類,共六〇二〇六人——三分之一個高等學生——共三四八八〇人——可以負一部分責任,但他最少亦當對於三千人以上的行爲、知識、生活種種方面負指導、改進的責任。諸君現在在校求學,有父母供給經費,有師長指導學行,遇有問題,亦自命不凡地發些動人聽聞的議論。殊不知眞正到社會上做起事來,切實替三千人以上的行爲生活各方面負指導、改進的責任,却是很不容易。卽就學校講,校長爲一校的主宰,對於學校要負較重的責任,但一校不過三四百學生,並有二十以上教職員幫同治事,尙有許多不能使學生與社會上一般人滿意的地方，倘使我們要實行去指導三千人，其困難更可由推想而知。由此我們知道負責是件不容易的事，替多數人負責，尤其困難。

"中學生"的地位與責任，一般中學生——尤其是現在的中學生——大概都曾知道，至於怎樣對於一般人負責任，與負責任困難的地方，却是許多中學生不大瞭解而且不大留意的。十四五年前我在學校讀書，很留心國家的事變，並極歡喜講"排滿"。那時的神氣，常以為"治天下易如反掌"，對於學校的規律生活不大滿意，常作出越軌的動作。這十幾年來，教育自然有許多進步，但中等學校的風潮，在報紙上還是"不絕於書"；有許多人以為"中學生"太壞、中學校太難辦，因而發生消極的論調。其實中學生正是青年期，感情盛，欲望強，而對於社會上各種事業的經驗又不十分充足，遂常憑理想作事。等到實際上發生困難之後，又極容易流於消極。倘無相當的指導，青年每因偶然的不幸而致遺誤，這是我們負中學教育責任的人所當注意的。諸位現在還是學生時代，從今日辯論會中的言論看來，有許多與從前中學生的行逕相合，所以不揣冒昧，與諸君進一步談談對於社會上怎樣負責的問題。

四

"中學生"要對於社會上負相當的責任，首先要問從何處下手。換句話說，"中學生"畢業後在社會上做什麼事，有什麼事可做。

若問"中學生"畢業後作什麼？我想諸位將不遲疑地答復說："升學"。"升學"恐怕不僅是諸位大多數預期的目的，並是諸位的家長送諸位進中學的目的；或更可以說，"升學"是社會上一般人對於"中學生"的期望，並是主持中學教育者的目的。但實際上這目的能有若干達到。我們且再從統計表上去研究。

據中華教育改進社統計，全國高等學生共三四‧八八〇人，中等學生——師範、甲種實業等在內——共一八二‧八〇四人。以此比例計算，中等學生升學的可能量只百分之十九；卽使甲種實業與師範學生的升學者較"中學生"少，但以二分之一爲比例，"中學生"的升學可能量還只有百分之二十三。其餘百分之七十七又怎樣？由此我們可以得着兩個結論：

（1）一般人與中學敎育家、中學生平日以"升學"爲"中學生"唯一出路的觀念要打破；

（2）現在的中學應當怎樣改革？

這兩個結論，是提出來供主持中學敎育者與"中學生"作參考的，我們可以不必深論，現在且再研究這不能升學的百分之七十七在社會上作些什麼？

這不升學的百分之七十七到底在社會上做什麼，因無精密的統計，我們當然不能爲確切的斷定。不過就我們日常經驗所及與一部分統計的情形看來，不升學的中學畢業生，大概有下列幾種出路：

（1）小學敎師，包括塾師、初等敎育機關各項職員與縣敎育行政人員；

（2）出版業、新聞業的中級或高級職員；

（3）高等敎育機關或行政機關的佐理員；

（4）工商業界的中級職員；

（5）鄉紳；

（6）軍士；

（7）小政客、小軍閥，卽依傍政客與軍閥爲生的無業流氓。

以上七項雖然不能包括未升學之中學畢業生的出路，但大致却相去不遠。今年這兩個月之間，我曾考察過公私立與教會設立之中學三十餘處，每到一校，都給一種調查的表格請學校的塡寫。現在雖未詳細統計，但各校未升學之學生出路，差不多均以服務於小學教育界爲最多。據徐州江蘇第十中學的精密統計，升學與作小學教師的人數相等——畢業共九十人，升學與小學教師各二十五人——就服務於教育界的總數計，反超過升學比例率百分之七——另有服務於教育界者六人，合占百分之三四‧四，升學只百分之二七‧七——占未升學者總數將二分之一。該校在江蘇師範教育發達的地方，升學量又超過"均數"，服務於教育界者尚且如此，其他師範教育不發達與升學不便的僻遠地方的情形，可以推知——據我個人經驗所及，中學畢業生之服務於教育界，除滬寧杭各地特殊的中學校外，大概都達到未升學者總數二分之一上下。

中學畢業生服務於教育界者既然達未升學者總數二分之一上下，則其餘二分之一分配於第二種之下之六種出路爲數當甚微，似乎不發生什麼問題。可是這幾種出路却不如"服務教育"之全國相似——比較的——而有地域的區別。中學畢業生之在出版界、新聞界作職員者，以江蘇、浙江兩省爲最多——因上海介二省之間，而爲全國出版與新聞事業之中心——各大都會如北京、天津、漢口、廣州等次之，文化較發達之各省都會又次之。至於邊省的都會與內地舊日府屬之中學畢業生，則絕對無參與此類事業之機會。同在出版界與新聞界服務，而職務有高下者：一因各人能力有高下，二因地方文化有優劣。

中學畢業生在高等教育機關與行政機關爲佐理員者，比前項較爲普遍；但在行政機關服務者，又以內地爲較多。這是因爲：一，由於人才的缺乏；二，由於內地父老"讀書求官"的舊觀念重。

中學生的第四項出路仍以交通發達的區域爲多。因爲中國本是小農制度的國家，近數十年來與歐美交通，交通的都市始受其影響而有一部分新式的工業與商業，可以容納一部分"學生"的職員；內地則無此需要，而且父老因交通不便之故，對於"讀書求官"的成見不破，中學畢業生就要入工商界，亦非環境所深許。雖亦有從事於此者，但只能看作例外。

鄉紳更是內地中學畢業生的重要出路。交通區域的中學畢業生雖也有作鄉紳的，但因爲教育發達之故，中學生在社會上的地位尚未見得"登峰造極"，而且比較易於尋謀職業，亦無暇專門作鄉紳。內地教育不發達，中學畢業生在地方上常爲最出色的代表人物，可以支配地方上事務。加以中學校現在尚以舊日之府屬爲單位，學生求學都要集於都市，生活較鄉間常高數倍；家庭能遣子弟入中學者，大概家資比較充裕，父兄在地方上也大半是"有體面"的人。子弟畢業後，因無生計上的壓迫，便"席先人之餘蔭"而爲不生產之"團首""團總""區總""市鄉公所職員""縣議員"等等。純良自愛者爲地方上"排難解紛"，不良者依附勢力，敲詐鄉民。此種現象，湘西湘南之各縣極普通，故敢斷定內地中學畢業生多以此爲出路。

中學畢業生充當兵士，好像是極不近情理的事情。因爲就普通的現象講，中國現在的"軍人"，幾爲人人所痛惡的東西，而以中學生爲尤甚。今日辯論會中有以"裁兵"爲題目，講得兵的弊害，固然是"痛哭陳詞"，就是其他諸人的演講，有牽及兵的地方，也有"髮指"的氣概。諸位既然深惡"兵"，其他中學生也大概相似，何以畢業後而有充當兵士的？但由江蘇第十中學的統計，九十個畢業生中有三人作軍人的，已占畢業生總數三十分之一。而我在吳淞中國公學中學部任職時的三位河南畢業生之中，竟有兩人投入馮玉祥軍隊之下充兵士。他們充當兵士的歷史很可以供中學教育者與現在的中學生之參考，故更爲簡單述之。他們並不是夙意要作兵士，也並不是不痛惡軍人，家庭境況都很好，更不是要靠當兵維持生活的。他們是因爲畢業之後，屢次投考大學不取，歸家既有"無面見江東父老"的情緒——並且在都市生活慣了，回去雖無衣食之虞，却也過不慣素樸的生活——謀他事既無適當的能力，又無適當的機會，尋思不已，只有充不費資本、不要專長的兵士爲最後的解決——學校十餘年的教育，學生若干年的志願，竟不能戰勝短期環境壓迫的勢力，中學教育家與中學生可不注意嗎！

以上中學畢業生五種出路之中，前三項可稱是正當的職業，後二項不能列入職業之中，但在某種範圍以內，還於社會有多少裨益——如鄉紳調解是非、改良鄉民，兵士防禦盜匪、捍衛國家之類——至於小政客、小軍閥完全以依傍自私自利的政客、軍人，以挑撥是非、擾亂治安爲生活的途徑，無論在何時，無論治何事，都是有妨社會秩序，使人民深受痛苦的。這種人似乎不應當有中學畢業生，但在政局不定的省分中却是常見的事實。他們所以要作這種不爲社會所重視的人，却不是始願如此，也是受環境的影響而然的。換句話說，他們在中學畢業了，自己認識自己在社會上的地位；而因政治的不安，既不能歸家作"好百姓"，又無"治生"的專長，加以"讀書求官"的觀念印於腦中，與政治舞臺上的"人"的印象——即執政者無特殊學識，只乘機會取得高官厚祿——之誘導，遂不惜犧牲其平昔的主張與志願，而隨波逐流的想過不勞而穫的愉快生活，結果便走入這條路了。實際上他們還是可憐的！

已往的中學畢業生的出路與對於社會上所負的責任如此，現在的中學生，雖然不必盡如"前轍"，但由此也可以推知將來可走的路逕的傾向。這一段談話在實際上或者對於诸君有些裨益，也未可知。

五

已往中學生的出路我們大概知道了，現在要問以後怎樣走法：抄現路呢？還是改變方針？據我所見，現路雖不都是絕對不可走的，但實際上却不易走，茲略爲分述於下。

中學畢業生除升學者外，以作小學教師者爲最多。這種現象，無論在個人、在社會都是很不經濟的。因爲小學教育是與國運最有關係的，擔負此項責任的人應有適當的訓練，纔可以收應得的效果。中學生既未受師範教育的訓練，驟然擔任小學教師，自然有許多難於措置的地方，而中學生犧牲其原有的志願——入中學者大概志在升學——去作夙志不甚願作的事情，精神上的損失也很大。再退一步講，即使中學生於畢業後要去做小學教師，因平日所受的訓練不同的原故，能力亦不能如師範生，偶然就職，能在學術競爭場中永久立足嗎？還是一個很大的問題！其次，在工商界作事，學識、技能都不及實業學校的學生，雖說是正當的路徑，但實際上却難於勝任。

此外，前面所舉的第七條路——小政客、小軍閥——是絕對不可走的，第五、第六兩條路——鄉紳、軍人——亦可以不必走。因爲"中學生"爲四千人中之傑出者，固然不可作擾亂社會的事情，並應當有直接或間接的生產的職業。第五、六兩條路，雖然有時也於社會有裨益，但終非生產的事業。這樣，中學畢業生可走的路爲第四、第五兩條——出版界、新聞界作職員，高等教育機關與行政機關的助理員——可是要幹這些事情還有幾個條件：

附錄：中學生的將來

（1）知識上，要常識豐富、本國文字優長，有一種能看外國文書籍的能力；

（2）行為上，要能負責、耐勞；

（3）態度上，要能和靄處羣。

倘若不願走這兩條路，而要走第二、第四兩條路亦未嘗不可，但在學校時便決不可泛泛然過去，或專門作預備升學的工夫。應當預先決定個人志願，於選課時注意教育或工商業的科目，並隨時練習其基本技能。

近來許多中學生開口便是國家大計、社會問題、某主義、總解決、犧牲、奮鬭種種空蕩而抽象的論調，對於個人立身的根本問題，反以為是卑不足道的事情。及至與社會實際接觸的時候，因平時無適當的預備之故，往往發生極不好的兩種現象：一，因物質慾望過高，生產能力不足以副之，於是作不正當的事情，不惜犧牲他人、擾亂社會以達其不當有的目的；二，不勝環境的壓迫，流於消極的厭世，甚而至於自殺。我們深知道現在社會不良，應當改革的地方極多，但改革要有方法，要有入手的地方，若徒空談改革是無用的。有許多人主張先從社會總解決做起，然後及於個人，我則以為社會是由個人構成的，社會對於個人誠有很大的影響，但要自儕於社會改革家之列，却非先從個人做起不可。個人最要的根本問題，是有正當的職業：一面能解決個人的生計問題，不使社會受累，一面能增進社會的生產率，便個人救助社會。倘使自己無適當的生產能力，生活上站脚不住，空言社會改革，結果不僅使社會受累而已，並且不能戰勝環境的勢力，而為環境所屈服。所謂"改革"，反成"同化"，到底有什麼用處！

有人說：倡言社會改革的人，應當從大處着想，何必在這區區個人生計問題上計較；況且"勞心者治人，勞力者治於人；治於人者食人，治人者食於人"，是我國固有的明訓，又何必注意於此。其實這種"讀書作官"的傳統觀念，就是我國社會上致亂的重大的原因。試想大家不治生，社會上的生計，到底怎樣維持？亡友楊君亦曾從前極力主張無職業的人不當攙入革命團體；某君謂中國的學生大半都是預備將來做内閣總理、宣布大政方針的大人物，從不想到怎樣做事務官，所以國家一切事務都無秩序，都無系統。這兩義很可以供我們的參考。換句話說，我們要爲社會改革家，必得自己有正當的職業；要做主持國政的大人物，必先知道各部分的小事情。這是從下而上的辦法。諸位或者以爲是"老生常談"，但現在許多的中學生却很需要這種"常談"。

以上是講"中學生"要爲社會盡責，自己要先有適當的職業，在社會上能站得脚住；解決問題的方法是在學生時代決定志願，預備適當的學識與技能以便他日應用。其次，還有兩事在一般中學生中也是問題：一，怎樣滿足知識慾；二，職業怎樣才與地位相稱。

現在的中學校既是以升學爲主要的目的，中學生之入學校，便有"升學"預備的志願，實際不能達到目的以後，心裏特別憂憤，有些甚至於走入極消極的路子。其實學問不盡由學校得來的，有機會能升學，固然很好；即無機會或家境不能升學，於畢業後，一面在社會上服務，一面繼續自己努力研究，也未嘗不足以得適當的學問。我們還要知道，學問是經驗的積累。在學校讀書不過是間接取得他人的經驗，與社會各方面實際接觸，對於自然界、人事界各種現象，隨時加以觀察、實驗，才是直接的、最可寶貴的經驗；而且中外的學問家如達爾文、梁啟超之流全是自己繼續努力得來的——即我現在這點知識也大半是自己於離校以後求得的——只要我們有

附錄：中學生的將來

求學的方法（此當另講），把宇宙當作一個大學校，繼續不斷的努力研究，雖不敢說一定比"升學"的知識高，但亦可滿足個人求知的欲望。升學既不是唯一求知的門徑，不能升學者又何必不自己努力而徒然作無謂之懊喪。

我國因政治關係，社會上一切事業都無秩序，有才不見用者固然不少，但也有許多青年是由於不問自己能力、不肯耐苦而專為"地位"上之計較以致無事可作的：這却不能不望青年自己反省。現在許多工商業地方不願用學生，即我自己去年暑假有事請人相助，也經過三四個中學生不能成功。所以不能成功的原因，就是"自視過大，不肯耐勞"八字。其實到社會上無論作何種事業——資本家在外——都沒有不費力的，而且任作何事都要有相當的經驗，始能不壞事。初由學校出來的中學生，既無治事的經驗，自不能不從小處練習起。倘若自視過大，不肯任勞，不肯作小事，無論初人❶社會的信用不足，無人以大事相託，即有之，也以無經驗故而無所措手足。若果對於小事負責，逐漸積累經驗，逐漸擴充能力，時間稍久，自然有大事可作。

我們再進一步問許多青年何以自視過大、不肯小就？大半是由於物質欲望過高，"小就"不足以達其揮霍的目的，幾經波折之後，遂致於不惜犧牲公衆福利以謀個人愉快。這一點我們可以說是歷來"讀書人"的貴族觀念所誤。所謂"讀書人"者是"治人""食人"的階級，生活必定要特別優於一般平民。加以現在的中學校大半都設立於都市地方，在都市奢侈慣了，過不得鄉間朴素的生活。所以許多青年，在未入中學以前，鄉間的房屋可以安居，數十里以至數

---

❶ "人"，疑為"入"之誤。——編者註

百里的路程可以"徒步",放牛、炊飯等事可以自作,蔬菜、糙米可以安食;等到中學畢業以後,自視地位甚高,生活也因而提高,從前所能安居、安食、徒步、自作者,現在均非改革不可,而有"居必華屋""食必珍饈""出必高車""事必供張"之概,區區自費勞力之小事情,自然是不願幹了。其實"中學生"爲四千人中之特選,在責任上雖當爲社會造福,但實際還是一個平民。凡平民能過的生活,中學生也可以過;凡平民能耐的勞苦,中學生也應當能耐。況且改造社會應有"先天下之憂而憂,後天下之樂而樂"的精神,吃苦固然是應當的,"幹小事"更是了解社會情形的方法,又何嘗不可作。所以我最後還有兩義奉告諸位:

(1) 處己須具平民的精神,治事須耐勞負責。

(2) 以宇宙爲大學校,繼續不斷地研究學問。

自己有上述的精神治適當的職業,先在社會上立得脚住,一舉一動,都可使社會上發生好影響,那時就不說改革社會,社會已蒙其福,社會問題的大部分即已在個人問題中解決了。倘若不務實際,專重空論,一與社會接觸,個人主張即將失其重力;爾時不僅個人問題不能解決,即改革社會的熱願也將付之東流了!

這些大半是我七八年與中等男女學生接觸的夙感,今有機會得與諸君談談,或者有不免開罪的地方,還請諸位原諒!

十三年五月

編後記

　　本書包括陸費逵的《青年修養雜談》和舒新城的《致青年書》兩書。

　　陸費逵（1886~1941年），原籍浙江桐鄉人，生於陝西漢中，複姓陸費，名逵，中國近代著名教育家、出版家，中華書局創辦人。其曾祖陸費墀為清朝翰林院編修，歷任《四庫全書》總校官、副總裁等，其母為李鴻章侄女。1912年元旦伊始，中華書局在上海成立。陸費逵起草的《中華書局宣言書》發表在《申報》上，說明書局宗旨：「國立根本，在乎教育，教育根本，實在教科書；教育不革命，國基終無由鞏固；教科書不革命，教育目的終不能達到也。」他創刊並主持筆政的《教育雜誌》是中國第一個教育專業刊物。

　　舒新城（1893~1960年），字心怡，號暢吾，曾用名舒建勛，中國現代著名出版家、教育家。1917年畢業於湖南高等師範學校，1920年应張東蓀之邀任吳淞中國公学中学部主任，1925年返南京專門從事著述，1928年任《辭海》主編。1930年起任中華書局編輯所所長兼圖書館館長，全力主編《辭海》。新中國成立後，當選為全國人大代表、政協上海市委員會副主席、《辭海》編委會主任委員。1960年11月28日在上海病逝。作為一代辭書編纂大師，除編纂《辭海》外，舒新城還著有《現代心理學之趨勢》《道尔頓研究集》《教育通論》《近代中國教育思想史》《近代中國教育史料》等有關現代教育研究的多部著作。

陸費逵的《青年修養雜談》，主要從青年人的事業發展、生活作風、道德品質等方面來指導青年人如何提高自身修養和境界，以獲得人生的成功。舒新城的《致青年書》，是作者以書信體的形式，對青年在讀書、治學、生活等方面的問題給予指導，引導青年人順應時代和社會的要求、積極發展自己的人生。此兩種書對於青年的人生道路都有積極的指導意義，兩位作者都是我國現代著名的教育家，且兩種書均為小薄本的著作，故將兩書合成一種出版，便於讀者學習與參考。

本社此次印行，以上海中華書局1926年出版的《青年修養雜談》和1931年出版的《致青年書》為底本進行整理再版。在整理過程中，首先，將底本的豎排版式轉換為橫排版式，並對原書的體例和層次稍作調整，以適合今人閱讀。其次，在語言文字方面，基本尊重底本原貌等。與今天的現代漢語相比較，這些詞彙有的是詞中兩個字前後顛倒，有的是個別用字與當今有異，無論是何種情況，它們總體上都屬於民國時期文言向現代白話過渡過程中的一種語言現象，為民國圖書整體特點之一。對於此類問題，均以尊重原稿、保持原貌、不予修改的原則進行處理。再次，在標點符號方面，民國時期的用法與今天現代漢語標點符號規則有一定的差異，在一定程度上不適宜今天的讀者閱讀，因此在標點符號方面，以尊重原稿為主，並依據現代漢語語法規則進行適度的修改，特別是對於頓號和書名號的使用，均加以注意，稍作修改和調整，以便於讀者閱讀和理解。最後，對於原書在內容和知識性上存在的一些錯誤，此次整理者均以"編者註"的形式進行修正或解釋，最大可能地消除讀者的困惑。

文　茜

2016年10月

《民國文存》第一輯書目

紅樓夢附集十二種	徐復初
萬國博覽會遊記	屠坤華
國學必讀（上）	錢基博
國學必讀（下）	錢基博
中國寓言與神話	胡懷琛
文選學	駱鴻凱
中國書史	查猛濟、陳彬龢
林紓筆記及選評兩種	林紓
程伊川年譜	姚名達
左宗棠家書	許嘯天句讀，胡雲翼校閱
積微居文錄	楊樹達
中國文字與書法	陳彬龢
中國六大文豪	謝無量
中國學術大綱	蔡尚思
中國僧伽之詩生活	張長弓
中國近三百年哲學史	蔣維喬
段硯齋雜文	沈兼士
清代學者整理舊學之總成績	梁啟超
墨子綜釋	支偉成
讀淮南子	盧錫烺

國外考察記兩種	傅芸子、程硯秋
古文筆法百篇	胡懷琛
中國文學史	劉大白
紅樓夢研究兩種	李辰冬、壽鵬飛
閒話上海	馬健行
老學蛻語	范禕
中國文學史	林傳甲
墨子閒詁箋	張純一
中國國文法	吳瀛
《四書》《周易》解題及其讀法	錢基博
老莊研究兩種	陳柱、顧實
清初五大師集（卷一）·黃梨洲集	許嘯天整理
清初五大師集（卷二）·顧亭林集	許嘯天整理
清初五大師集（卷三）·王船山集	許嘯天整理
清初五大師集（卷四）·朱舜水集	許嘯天整理
清初五大師集（卷五）·顏習齋集	許嘯天整理
文學論	［日］夏目漱石著，張我軍譯
經學史論	［日］本田成之著，江俠庵譯
經史子集要畧（上）	羅止園
經史子集要畧（下）	羅止園
古代詩詞研究三種	胡樸安、賀楊靈、徐珂
古代文學研究三種	張西堂、羅常培、呂思勉
巴拿馬太平洋萬國博覽會要覽	李宣龔
國史通略	張震南
先秦經濟思想史二種	甘乃光、熊夢
三國晉初史略	王鍾麒
清史講義（上）	汪榮寶、許國英

清史講義（下）	汪榮寶、許國英
清史要略	陳懷
中國近百年史要	陳懷
中國近百年史	孟世傑
中國近世史	魏野疇
中國歷代黨爭史	王桐齡
古書源流（上）	李繼煌
古書源流（下）	李繼煌
史學叢書	呂思勉
中華幣制史（上）	張家驤
中華幣制史（下）	張家驤
中國貨幣史研究二種	徐滄水、章宗元
歷代屯田考（上）	張君約
歷代屯田考（下）	張君約
東方研究史	莫東寅
西洋教育思想史（上）	蔣徑三
西洋教育思想史（下）	蔣徑三
人生哲學	杜亞泉
佛學綱要	蔣維喬
國學問答	黃筱蘭、張景博
社會學綱要	馮品蘭
韓非子研究	王世琯
中國哲學史綱要	舒新城
中國古代政治哲學批判	李麥麥
教育心理學	朱兆萃
陸王哲學探微	胡哲敷
認識論入門	羅鴻詔

儒哲學案合編	曹恭翊
荀子哲學綱要	劉子靜
中國戲劇概評	培良
中國哲學史（上）	趙蘭坪
中國哲學史（中）	趙蘭坪
中國哲學史（下）	趙蘭坪
嘉靖御倭江浙主客軍考	黎光明
《佛游天竺記》考釋	岑仲勉
法蘭西大革命史	常乃惪
德國史兩種	道森、常乃惪
中國最近三十年史	陳功甫
中國外交失敗史（1840~1928）	徐國楨
最近中國三十年外交史	劉彥
日俄戰爭史	呂思勉、郭斌佳、陳功甫
老子概論	許嘯天
被侵害之中國	劉彥
日本侵華史兩種	曹伯韓、汪馥泉
馮承鈞譯著兩種	伯希和、色伽蘭
金石目錄兩種	李根源、張江裁、許道令
晚清中俄外交兩例	常乃惪、威德、陳勛仲
美國獨立建國	商務印書館編譯所、宋桂煌
不平等條約的研究	張廷灝、高爾松
中外文化小史	常乃惪、梁冰弦
中外工業史兩種	陳家鯤、林子英、劉秉麟
中國鐵道史（上）	謝彬
中國鐵道史（下）	謝彬
中國之儲蓄銀行史（上）	王志莘

中國之儲蓄銀行史（下）	王志莘
史學史三種	羅元鯤、呂思勉、何炳松
近世歐洲史（上）	何炳松
近世歐洲史（下）	何炳松
西洋教育史大綱（上）	姜琦
西洋教育史大綱（下）	姜琦
歐洲文藝雜談	張資平、華林
楊墨哲學	蔣維喬
新哲學的地理觀	錢今昔
德育原理	吳俊升
兒童心理學綱要（外一種）	艾華、高卓
哲學研究兩種	曾昭鐸、張銘鼎
洪深戲劇研究及創作兩種	洪深
社會學問題研究	鄭若谷、常乃悳
白石道人詞箋平（外一種）	陳柱、王光祈
成功之路：現代名人自述	徐悲鴻等
蘇青與張愛玲：文壇逸站	白鷗
文壇印象記	黃人影
宋元戲劇研究兩種	趙景深
上海的日報與定期刊物	胡道靜
上海新聞事業之史話	胡道靜
人物品藻錄	鄭逸梅
賽金花故事三種	杜君謀、熊佛西、夏衍
湯若望傳（第一冊）	［德］魏特著，楊丙辰譯
湯若望傳（第二冊）	［德］魏特著，楊丙辰譯
摩尼教與景教流行中國考	馮承鈞
楚詞研究兩種	謝無量、陸侃如

古書今讀法（外一種）	胡懷琛、胡朴安、胡道靜
黃仲則詩與評傳	朱建新、章衣萍
中國文學批評論文集	葉楚傖
名人演講集	許嘯天
印度童話集	徐蔚南
日本文學	謝六逸
齊如山劇學研究兩種	齊如山
俾斯麥（上）	［德］盧特維喜著，伍光建譯
俾斯麥（中）	［德］盧特維喜著，伍光建譯
俾斯麥（下）	［德］盧特維喜著，伍光建譯
中國現代藝術史	李樸園
藝術論集	李樸園
西北旅行日記	郭步陶
新聞學撮要	戈公振
隋唐時代西域人華化考	何健民
中國近代戲曲史	鄭震
詩經學與詞學 ABC	金公亮、胡雲翼
文字學與文體論 ABC	胡朴安、顧薑丞
目錄學	姚名達
唐宋散文選	葉楚傖
三國晉南北朝文選	葉楚傖
論德國民族性	［德］黎耳著，楊丙辰譯
梁任公語粹	許嘯天選輯
中國先哲人性論	江恆源
青年修養	曹伯韓
青年學習兩種	曹伯韓
青年教育兩種	陸費逵、舒新城

過度時代之思想與教育	蔣夢麟
我和教育	舒新城
社會與教育	陶孟和
國民立身訓	謝無量
讀書與寫作	李公樸
白話書信	高語罕
文章及其作法	高語罕
作文講話	章衣萍
實用修辭學	郭步陶
版本通義・古籍舉要	錢基博
中國戲劇概評	向培良
現代文學十二講	［日］昇曙夢著，汪馥泉譯